土地活用で得するドクター損するドクター

大山一也
Kazuya Oyama

ダイヤモンド社

はじめに

地主医師だからこそできるスケールの大きな資産形成のすすめ

所有している土地に「働いてもらいませんか？」。

私がお伝えしたい内容をひと言でまとめると、こうなります。

この本を手に取った方は、タイトルにもあるように土地を所有している医師と、これから所有する予定のある医師、つまり「地主医師」の方だと思います。

私は長年、不動産業を営み、現在は医師に特化した資産形成のお手伝いを、メインのサービスとして提供しています。医師に特化した経緯は後ほど詳しく述べますが、資産形成の計画を立て、進めていく際、医師という職業属性はとても有利なのに、十分に生かし切れていないケースが多いことに気付いた。それが今の事業を起こした大きな理由の一つです。

資産形成にはさまざまな手段があります。株式投資、ＦＸ（外国為替証拠金取引）、投資信託、不動産投資など。私がお話しさせていただいた医師にも、株式投資をやっている方は大勢いました。もちろん成功している方もいますが、はじめてはみたものの、思うような成果は得られていない、という方が多いようです。

株式投資には、短期間で大きな利益を生み出す可能性があります。しかし、値動きが激しく、売り買いのベストタイミングをつかむには、こまめに市場の動向をチェックする必要があり、食事の時間も満足に取れない医師に向いているとは言えません。ＦＸも同じで、金融や相場の知識が豊富、かつ時間的に余裕がある資産家やトレーダーでなければ、持続的な成果を得るのはなかなか難しいものでしょう。

投資信託は、経験も知識も豊富なプロに運用を任せられるため、たとえ金融の知識が乏しくても時間に余裕がなくても、比較的安心してはじめられる金融商品です。ですが、コスト（手数料等）が高く、優良な商品かどうか見分ける目も必要になるなど、ハードルが低いようでいて、大きな成果にはつながりにくい面もあります。

では、医師にとって理想的な資産運用はどういうものでしょうか？　以下の4つの条件を満たすかどうかが重要だと、私は考えています。

○手間をかけず確実に利益を得る
○予備知識がそれほど必要ではない
○節税効果がある
○大きな資産を形成できる筋道が具体的にみえる

この4つの条件を満たすのが不動産投資であり、私が医師の方たちにすすめる大きな理由でもあります。

不動産にもさまざまな種類があります。最もイメージしやすいのは、マンションを区分所有、または一棟所有して賃料収入を得ること。実際、医師として働きながら、マンション投資で資産形成に成功している方は大勢います。

数多い不動産投資のなかでも、本書で焦点を絞るのは「土地活用」。

これまで多くの医師の資産形成のお手伝いをしながら、私は「土地を持っている地主医師が多い」ことに気付いていました。形はさまざまで、病院・クリニックなどを経営している親からの相続（将来、相続の予定がある）、住居として戸建ての家を所有している、将来の開業に備えて土地を購入している（購入の予定があるも含む）、等々。

不動産投資を行う際、土地を所有しているかどうかで選択の幅は大きく変わってきます。すでに土地を所有しているほうが圧倒的に有利であり、そこに医師ならではの付加価値を加えると、医療と不動産をからめた展開も可能になって、資産形成と同時に社会貢献も実現できるのです。

この「医師×土地」のメリットを生かし、資産形成に成功している方もいます。ですが、私の感覚ではあくまでも少数で、多くの地主医師は積極的に土地活用をしているとは言えない状況です。よく見られるのは、土地があることに安心しているケース。土地があればひとまず安心で、将来のことは「そのときが来たら考えればいい」。そんなふうにのんびり構えている方が大勢います。

不動産投資において、土地を所有しているのは間違いなく有利なのですが、それは活用してこそ。何もしなくても固定資産税、都市計画税は払わなければいけないし、後ほど詳しく述べますが、2022年に生産緑地法の指定解除が実施されると、固定資産税が大幅に増加する土地もあります。「土地があるから安心」とあぐらをかいていると、税金の支払いがどんどん増え、「土地があるから損をする」という状況にもなりかねません。

つまり土地は、活用すれば大きな資産形成のきっかけになるものの、何もせずにほったらかしておくと、大袈裟かもしれませんが「負債」になる可能性もあるのです。

「医師×土地」の視点での資産形成が必要な時代

では土地活用をはじめる場合、何を知ればいいのでしょうか。どこから手を付けたらいいのでしょうか。ここにも「地主医師を対象にした土地活用の本」の執筆を決めた理由があり、それは「正しい情報を、できるだけわかりやすく伝えたい」ということです。

少しキツい言い方になってしまいますが、資産形成、不動産や金融に関して、ほとんどの医師は「情報弱者」だと私は感じています。

これは医師という職業の性格上、仕方ないことでもあります。大学の医学部に合格するために、中学・高校時代は受験対策を優先しなければいけなかったでしょうし、大学時代は講義や実習に追われ、大学院から研修医を経て医療機関で働きはじめると、寝る時間、食事の時間さえ満足に取れないほどの激務が待っています。

医師は、医療のプロフェッショナルですが、どうしても社会やリアルなビジネスの現場との接点を持ちにくく、また日々忙しく働いている方が多いため、不動産や金融の動向にうとくなるのも仕方ないでしょう。

そこで重要なのが、地主医師の土地活用をサポートするパートナーの存在です。

ひょっとしたら「細かいことは考えず、銀行に任せておけば安心」と考える方がいるかもしれません。ですが、これも冒頭で強調しておきたいことの一つですが、今の時代、従来の常識は通用しないと認識するべきです。

社会的な信用の高い大手企業の粉飾決算、エリート官僚がかかわる不祥事は珍しくありませんし、銀行だから安心して任せられるとも言えない時代です。典型的な例が、最近ニュースでも大きく取り上げられた、シェアハウスの一件。

とある不動産会社が運営し、同社はシェアハウスを建設、これを投資家に販売していました。アパート経営は通常、入居者の確保は所有者の責任ですが、この不動産会社はサブリースと呼ばれる仕組みで、入居者の募集も同時に行い、所有者には長期にわたる家賃の支払いを保証していました。なんとも「うまい話」です。

ところが、不動産会社が資金繰りに苦しみ、家賃保証契約の停止と、今後一切賃料を支払わないと発表。購入者の多くは1億円規模の融資を受けていたため、極めて深刻な事態となりました。また、販売価格は市場相場よりも高く、ここで銀行の不正融資疑惑が浮かび上がります。不動産会社は市場相場よりもはるかに高くシェアハウスを販売していましたが、銀行は不正や捏造を認識しながら融資を行っていたのです。

これは極端なケースかもしれませんが、大企業だから安心、銀行だから信頼できると、安易にすべて任せられる時代ではなくなっているのは間違いありません。だからこそ、土地活用には信頼できるパートナーが必要なのです。さらに言うと、たんに土地活用の実績が豊富というだけでなく、地主医師ならではのメリット、強みを最大化するための提案ができるパートナーを選ぶべきです。

私は「土地活用のドクター」という意識で、本書の執筆をはじめました。この本を手に取った地主医師のみなさんには、普段とマインドセットを切り替えて、「土地活用の患者さん」という意識で読み進めてもらえたらと思います。

医師は高度な技術、知識を持つ専門職であり、存在そのものが社会の資源とも言えるはずです。土地を所有する地主医師なら、土地活用によって自身の生活を安定させるだけでなく、社会貢献につながるようなスケールの大きい資産形成も可能になります。

第1章以降、地主医師の土地活用に焦点を絞り、ぜひ知っておくべき情報の提供と、具体的な手法を盛り込みながら、効果的な節税の仕組み、資産形成のノウハウをまとめていこうと思います。あまり専門的にせず、はじめの一歩であると同時に「土地活用で得するドクターへの道しるべ」としたい。それが正直な思いです。

そして、地主医師が資産形成を成功させ、本業を充実させながらプライベートも楽しみ、地域医療への貢献にもつながるきっかけになれば、著者として、これにまさるよろこびはありません。

大山一也

CONTENTS

CONTENTS

第4章 土地活用で見えてくる医師の豊かなライフプラン

第1章

地主医師は土地活用をしないと損をする？

崩れつつある 医師＝高収入という幻想

土地活用の情報と具体的なノウハウを紹介する前に、「なぜ今、医師に土地活用をすすめるのか」について、いくつかの視点からまとめてみたいと思います。もし「土地があれば安心」なのであれば、無理に活用する必要はありません。すすめるのは、従来の常識が通用せず、むしろ「土地を持っていることがリスクになる」可能性もあるからです。

まず、医師をめぐる状況を「お金」の面から見ていきましょう。

世の中にはいろんな職業がありますが、「高収入」をフィルターにした場合、「医師」を最初に挙げる人は多いはずです。マスコミに取り上げられるベンチャー起業家、金融トレーダー、外資系企業のマネジメント層も高収入ですが、いわゆる「士業」、弁護士、税理士、公認会計士などと並び、医師は「高収入・安定性・社会的な信用力の高さ」で、多くの人にとっての憧れの職業かもしれません。

具体的な数字を挙げてみます。

厚生労働省の「医療経済実態調査」によると、2016年度の「病院全体」の平均年収は、院長が2671万円、医師が1488万円となっています。日本国内の就労人口に対する年収1000万円以上が全体に占める割合は4・28%。民間企業の会社員の平均年収は422万円であり（2016年度・民間給与実態統計調査）、この数字だけを見ると、医師は確かに高給取りと言えるでしょう。

ただ平均はあくまでも平均であり、高給取りと思われている医師でも、実態を見ていくとそれほど単純ではないようです。

私が大きな問題だと感じているのは収入の二極化です。ご自身で開業されている医師の場合、年収が3000万円以上というケースも珍しくありませんが、大学病院の勤務医だと状況が変わります。

大学病院の場合、臨床よりも医師の育成や研究に多額の費用がかかるため、年収は平均よりも低くなりがちです。一般的には講師で700万円ほど、准教授で800万円ほど。教授でも1000万円ほどで、少し稼ぎのいい会社員と大きな差はなくなります。

講師→准教授→教授というキャリアパスは、医師にとっての王道出世コースであり、かつては、教授になると給与以外にもさまざまな役得がありました。多いのは、製薬会社から依頼される講演、原稿の執筆など。

それに加えて、関連病院の運営にも大きな影響力を持つ教授の医局には、年間数千万円の奨学寄付金もありました。給与以外にさまざまな副収入があってはじめて、人がうらやむ高収入を得られたのです。

ただし、今となってはそれも過去の話。社会全体にコンプライアンス遵守の意識が広がり、外資系製薬会社の不正論文問題もあり、製薬会社は高額の謝礼や援助を自主規制するようになっているからです。

医師ならよくご存じだと思いますが、2004年の新医師臨床研修制度の導入で研修医の医局離れが進んだこともあり、教授の関連病院への影響力も低下しています。大学病院を頂点とした「白い巨塔」は崩れつつあり、がんばって教授まで出世したとしても、以前のような高収入はなかなか得られなくなっているようです。

では今後、勤務医の給与は上がっていくのでしょうか。

大きくかかわるのは診療報酬ですが、これは2年に一度の改定が基本。給与や物価に連動するため、以前は改定のたびに上がる傾向にありました。ところが、2002年を境に、国は医療費の縮減政策に診療報酬を加えることを決めました。

2002年度、2004年度、2006年と診療報酬が下がり続けた結果、病院ではリストラが行われましたが、一人当たりの業務量が増えたことで労働条件が厳しくなり、自ら現場を去る医師も増えてしまいました。医師不足で経営破たんをする病院が続出したため、社会的にも大きな問題となりました。

医療は「サービス業」であり医師にはさらなる負担が求められる

経営に苦しむ病院を支援する施策を国が行い、経営破たんは減少傾向にありますが、一方で医療費の増加は止まりません。診療報酬に関して医師にとって厳しい改定が続き、2

016年には社会保障費の約1700億円削減という具体的な目標を掲げ、診療報酬のうちの「薬価」の引き下げを決定。2018年の改定では、診療報酬本体は+0・55%だったものの、薬価は「−1・65%」、材料価格は「−0・09%」。実質的にはマイナス改定となっています。

診療報酬のマイナス改定は病院の減収につながります。それは当然、医師の給与に影響を与えるため、「医師は高収入で安泰」とは言えない時代となっているのです。

では、働き方の面ではどうでしょうか。

医師の印象として、「高収入」と同時に挙げられるのが「忙しい」です。政府は、1982年に「将来、医師が過剰になる」として、医師数抑制の閣議決定をしましたが、現在になっても、日本の医師数はOECD（経済協力開発機構）平均との比較で不足の状態が続いています。そうした状況で、2025年には団塊の世代のほとんどが75歳以上となり、国民の4人に1人が後期高齢者となる「超・超高齢社会」を迎えます。つまり、「医師の数は不足しているに、医療を必要とする高齢者は増える」

これが日本の医療現場の実情です。

私は多くの医師とお話をしてきましたが、今でも、みなさん頭が下がるほど厳しい状況で働いていています。36時間労働は当たり前。食事は院内で簡単に済ませるのがお決まりで、患者さんの容態が気になり、当直時は緊急搬送への対応もあるためほとんど寝られないと言います。1週間の勤務時間が70時間を超えることも珍しくなく、ブラック企業とは言いませんが、過酷な現場であることは間違いありません。

超・超高齢社会でも医療保険制度を維持するため、国は高齢者を病院だけでなく、地域で支える「地域包括ケアシステム」の枠組みをつくろうとしています。在宅医療や在宅復帰のために意味のある制度ですが、この仕組みによって、医師にはより幅広い知見と、軽いフットワークが求められるはずです。

一人の医師にかかる負担はどんどん大きくなる一方で、最近はインフォームド・コンセントやセカンド・オピニオンなど、患者の権利と決定権を尊重する傾向が強くなっています。以前は、大学病院はもちろん地域のクリニックでも、医師は「先生」であり、「ありがとうございました」と、診察後に患者さんがお礼を述べる姿がよく見られました。それほど医師という職業は尊敬されていたのです。

今も基本的な部分は変わりませんが、インターネットによって病気のこと、薬のことを簡単に検索できることもあり、診察や医師の言葉を疑うところからはじめる患者さん、その家族も増えています。医療は「サービス業」であり、リスクとベネフィットを丁寧に説明するよう求められ、業務は以前より煩雑になっているそうです。

医師も人間であり、間違いがあれば、失敗もあります。

以前は、そうした部分も含めて尊敬されていたはずですが、現在はほんのわずかな失敗でも許されない世の中の空気が醸成されています。結果に納得がいかなければ、医療ミスとして訴訟の対象になることも珍しくなく、メディアに取り上げられると、一人の医師の問題ではなく、場合によっては病院全体の経営にも大きな影響を与えてしまいます。

毎日忙しく働きながら、仕事量に比例して収入が増えるわけではなく、なかなか明るい将来像も描けない。そんななかでも、医師を目指したときの志を忘れず、現場で働く医師たちに、私は最大限のリスペクトを送りたいと思っています。そうした思いが伝わっているのか、資産形成の相談をいただく機会は年々増えているのが現状です。

勤務医の将来には、少なくとも3つのキャリアパスがあります。「転職または転科」「フリーランス」「開業」。労働条件に見合った収入を得られないなら、一般の会社員は転職を考えるはずですが、それは医師も同じ。実際、医師を対象とした転職エージェントはニーズが高く、ウェブサイトにはさまざまなサービスがあります。

ただ、私は安易な転職には反対です。

医師不足の今、それなりのキャリアを持つ医師が手を挙げれば、多くのオファーがあるでしょう。ですが、転職では根本的な問題の解決にはならず、労働条件はさらに過酷になってしまうかもしれません。

また、これがとても大きいのですが、転職によって勤続年数をいったんリセットしてしまうと、退職金の額が減ってしまいます。一例ですが、50代、勤続15年の医師でも800万円程度。もし、新しい職場が年俸制だったとすれば、そもそも次に転職する機会があったとしても退職金はゼロです。

若い医師の場合、転職ではなく転科を考える人もいるようです。

資産形成を考えることは医師としてどう生きるかに通じる

医療の現場は診療科によって医師にかかる負担差が大きく、負担の小さい診療科に移ろうというわけですが、実際はこれも難しい。というのも、医師は専門職であり、診療科を変えると、経験の多くがリセットされてしまうからです。

医療が高度化、専門化し、インターネットを使えば、患者も情報に簡単にアクセスできる今、経験をリセットするのは得策ではないと私には思えます。

フリーランスという選択もあり、確かに、スキルが高ければかなりの高収入が期待できるかもしれません。とはいうものの、テレビドラマのように上手くいくのはほんのひと握りであって、ケガや病気で診察できなくなる恐れもあります。継続して収入を得られるかどうかは、誰にもわからない。魅力よりリスクのほうが大きいと思います。

キャリアパスのなかで、多くの医師が「将来は」と考えているのが開業でしょう。

ただ、親の病院を引き継ぐのでなければ、短くても数年前から計画を立て、周到に準備を進めなくてはいけません。需要がないところで開業しても、苦労するのは目にみえているため、入念なマーケティングも必要になります。

将来の開業を実現するには、勤務を続けながら基盤をしっかり固めなくてはいけませんが、最も重要なのが開業のための資金づくりです。開業まではもちろん、開業してから経営が安定するまでの生活費も必要であり、そのために私は、将来を見据えた計画的な資産形成をすすめているのです。

ここまでの話の内容を、いったん整理してみます。

○高収入で安定した職業の典型のように思われる医師も、実態は収入面での格差が大きく、特に勤務医は決して高いとは言えない給与で激務にさらされている。

○診療報酬のマイナス改定など、今後、給与が上がる要素は乏しい。

○超・超高齢社会の到来により、一人の医師にかかる負担はますます大きくなる。

○将来、開業を考えているなら周到な準備が必要。

開業するかしないかは別にして、医師がこの先、仕事もプライベートも充実させていこうとするなら、欠かせないのが資産形成です。思われているほどの高収入ではないとしても、一般の会社員に比べれば医師の収入は多いため、その気になれば相応の資産を築くのは難しくありません。

問題はなかなか「その気にならない」ケースが多いこと。毎日忙しいため、資産形成にまで頭がまわらず、お金の管理はかなりずさんな方が大勢います。お話を聞いて「それだけしか貯金がないのですか？」と、驚かされることも多々あります。

ここまで記してきた内容は、医師であれば皮膚感覚としてわかっているはずです。忙しさの割に収入が低いこと。高齢化が進めば負担がさらに増えること。わかっているはずなのに、医師として現場に立つと診察、治療に100％集中するため、余計なことは考えたくないのかもしれません。

私は、医師は社会の資産だと思っています。一人でも多くの医師に、経済的な不安のない状態で医療に向き合ってほしいと思っています。そのためにも、資産形成によって暮らしと心の安定を実現してほしいのです。

株式投資、FX、投資信託が医師の資産形成に向かない理由

医師に「資産形成はどうしていますか？」と問うと、最も多い答えは「預貯金」です。医師に限らず、日本人の預貯金好きはよく知られており、家計の資産構成に占める割合は欧米よりはるかに高くなっています。確かに、預貯金は元本割れなどのリスクが極めて低く、「安心だから」という理由で選ばれるのもわかります。ですが、今の時代、預貯金で資産形成というのは現実的な手段ではありません。

そもそも「超」がつくほどの低金利状態が続いており、1000万円預けても、年間につく利息は高くても数千円ほど。また、国が金融緩和政策によりインフレを目指しているため、しばらくは金利は上がらないと考えるべきでしょう。

国の目論見通りにインフレになったら、預貯金で年間数万円の利息を得たとしても、資産価値がマイナスになるかもしれません。インフレになった時点で金利を上げればいいの

ですが、金利を据え置きにすることで、国は巨額の財政赤字を減らすことを優先する。これは十分考えられるシナリオだと思います。

また、元本割れが極めて低いという点についても、国が1000兆円を超える財政赤字に耐え切れず、ギリシャやアルゼンチンのように財政破たんをすれば、預貯金の元本は保証されないでしょう。そうしたリスクがあるため、金融機関の元本保証は「1000万円までとその利息分のみ」とするケースが多いのです。こうした理由から、私は預貯金を資産形成の手段として、おすすめしようとは思いません。

預貯金のほかに、多くの医師たちが資産形成の手段として考えるのは投資です。具体的には株式投資、FX、投資信託、不動産投資などですが、それぞれのメリットとデメリット。そして医師に向くか向かないかを簡単にまとめてみましょう。

医師に限らず、最もポピュラーな投資方法と考えられているのは株式投資でしょう。高所得者に限らず、一般の会社員はもちろん、ハードルの低いミニ株を購入する主婦も増えていると聞きます。株式投資のメリットは、冒頭にもふれましたが「大きな利益を得る可能性があること」。急成長をするベンチャー企業への投資によって、短期間でハイリターンを実現している人もいます。

また、株価は物価と連動して上昇する傾向があるため、経済がインフレに向かう場合、預貯金よりも効果的な資産形成ができます。インフレで企業の収益が上がれば、もちろん株価にも反映されるし、配当金を得ることもできるはずです。

株式投資のデメリットもまとめてみます。

まず、元本保証がないこと。投資している企業が不祥事を起こし、仮に倒産してしまうと、株式の価値はほぼゼロになってしまいます。

また、株式市場の値動きは激しく、先読みはプロでも難しいもの。株価を左右する要素は、企業活動、政府の経済政策、国際情勢などさまざまで、一つの出来事がきっかけで瞬時に変動します。市場の相場を読む力はもちろん、幅広い情報収集力も求められますが、日々忙しく働いている医師にそんな余裕があるでしょうか。

大きな利益を得る可能性は確かに魅力ですが、私が医師にすすめたいのは、目先の利益ではなく、ある程度の期間を使って確実に積み上げていく資産形成です。株はその観点から、おすすめとは言えません。

では、ＦＸはどうでしょうか。

外国の通貨を購入し、価値が上がったところで売却して利益を得る。仕組みとしてはじつにシンプルで、メリットを挙げていくと、大きいのはレバレッジ効果。ＦＸの場合、自己資金に対して一般的には25倍までの取引が可能で、たとえ手持ちの資金が乏しくても、大きな利益を得られる可能性があります。

また、株式市場は取引時間が決められていますが、ＦＸは土日を除き24時間取引ができます。たとえ日本が祝日でも、海外市場が開いていれば取引が可能で、平日の日中は忙しい会社員にとって、これは大きな魅力のようです。

デメリットは、レバレッジ効果を期待して自己資金以上の投資を行った場合、損失割合も大きくなり、資金がマイナスになる可能性があること。

また、2国間の通貨交換比率の差を利益とする仕組みのため、たとえ日本経済が成長したとしても、それが利益につながるとは限りません。株式投資同様、いやそれ以上に値動きが激しいのもデメリットと言えるかもしれません。アメリカなど他国の経済指標に即座に反応しなければいけないため、時間にゆとりのない医師の資産形成には向かないと、私は思います。

投資家から集めたお金を資本としてまとめ、専門家が株式や債券などを使って運用し、利益をそれぞれの投資額に応じて分配するのが投資信託。

メリットとして大きいのはプロに運用を任せられること。金融の知識が乏しい人でも、時間に余裕がない人でも安心してはじめられます。また、国内株式、新興国株式、海外債券などのように、運用先が一つに限られない仕組みは、リスクヘッジという意味でメリットと言えるでしょう。もう一つ、少額で投資できるのも投資信託のメリットです。

デメリットとして最初に挙げたいのは「コスト」。運用をプロに任せるということは、当然ですが手数料が発生します。購入する際に支払う「買付手数料」、運用にかかる「信託報酬」、信託期間の途中で換金する際にかかる「信託財産留保額」などの手数料がかかり、詳細は販売会社によって異なります。

安心というイメージの強い投資信託ですが、元本保証はありません。大きな経済情勢の変動、例えばリーマンショック後のような大暴落があれば、最悪の場合、資金がゼロになる可能性もないとは言えません。

そのリーマンショックですが、要因となったのは、サブプライムローンの債権を組み込んだ、投資信託の粗悪な商品でした。商品によっては信頼できないものもあり、運用を任せるということは、そうした粗悪な商品に投資してしまうこともありえるのです。

つまり、プロに任せているから安心とは言えず、どんな商品が組み込まれているのか。運用状況はどうなのかをこまめに確認して、場合によっては買い替えを決断しなければいけません。私からすれば、これも忙しい医師にはなかなかすすめにくいのです。

忙しく働く医師には不動産投資がベストの選択

では私が考える、医師に最もふさわしい資産形成の手段は何かというと、冒頭で述べた通り不動産投資です。

○手間をかけず確実に利益を得る
○予備知識がそれほど必要ではない
○節税効果がある
○大きな資産を形成できる筋道が具体的にみえる

この4つの条件を満たすのが不動産投資だとしましたが、ここでもう少し詳しくまとめてみたいと思います。

不動産投資は、株やFXのように値動きを常にチェックして、短期間での利益を得ようとするものではありません。利益には、月々の家賃収入に当たるインカムゲインと、売却することで得られるキャピタルゲインがあり、私が医師にすすめるのは、長く所有するほど収益が積み上がっていく、インカムゲインによる着実な資産形成です。

首都圏に関して言えば、2020年の東京五輪はもちろん、リニア中央新幹線の開通や首都高の整備、東京23区内の交通機関の24時間運行など、不動産価格に関してはプラスの材料が多く、キャピタルゲインも十分期待できると思います。

マンションの区分所有、一棟所有を行う場合、成功のポイントはシンプルです。立地条件と管理体制。この2点が満たされていれば、信頼できる管理会社に任せるだけで、ほぼ毎月の安定した収入を確保できます。もちろん最小限の知識は必要ですが、株やFXのように経済動向、世界情勢を常にウォッチする必要はありません。忙しく働いている医師にとって、これは重要なポイントです。

医師の資産形成に不動産投資が向く理由として、最も強調したいのは、大きな資産をつくるための筋道が描きやすいところです。

不動産投資を行う場合、最初にある程度まとまった資金が必要になります。収入の多い医師と言っても、数千万円の物件を現金で買える人はあまりいません。ですが、医師は本人たちが想像している以上に社会的に高い信用力を持ち、金融機関も医師なら比較的にスムーズに融資を実行してくれます。

融資を受けて物件を購入し、入居者が決まれば、継続して家賃収入が得られるため、給与や貯蓄を切り崩さなくてもオーナーとして運用をはじめられます。それが軌道に乗ってくれれば、銀行からさらに融資を受け、複数の物件を所有することも可能。実際、私のクライアントである医師の多くは、こうした流れで資産10億円を実現しているのです。

不動産投資が医師の資産形成に向く理由は、ご納得いただけたでしょうか。

本書では、私が培ってきた「医師×不動産」のスキーム、経験をベースに「医師×土地活用」に焦点を絞っていきますが、その理由も改めて整理しておきたいと思います。

医師のほとんどは、大学卒業後、病院の研修医として過酷な労働を経験します。しかも下積み時代は低所得で、前述したように、ある程度のキャリアを積んでからも、預貯金では資産を増やせません。

給与所得は、世間の「医師＝高収入」というイメージには遠く及ばず、週末はほかの病院やクリニックでアルバイトをしている方も多くいます。経験を重ねるため、より多くの患者さんに医療を提供するため。そういう側面もありますが、「収入を補てんしたい」という意識が強いはずです。

ただでさえ多忙を極めているうえに、アルバイトまで行うとなると、とてもゆっくり休むことはできないでしょう。毎日、疲れたまま診察を行っているのでは、医師本人にも、また患者さんにとっても好ましい状況とは言えないはずです。

これまで、私は不動産投資を中心に、多くの医師の資産形成をお手伝いしてきましたが、やはり「将来、自分で開業したい」という思いを持っている方が大勢います。かなり具体的な計画を立てている方、漠然としたイメージのままの方、温度差はさまざまですが、十分な開業資金を用意されているのは少数派。預貯金では資産は増えないし、株やＦＸで安定した資産形成ができないのは、前述した通りです。

医師×土地活用＝収益＋将来設計＋社会貢献

そこで不動産投資となるわけですが、医師たちの話を聞きながら気付いたのは、すでに土地を所有している、または相続等で所有する予定のある方が多いことです。私の感覚では、お会いする医師の約40%が、土地に関しての何らかの悩みがあり、相談の機会を望んでいます。これは、一般の方と比べると明らかに多い数字です。

医師の場合は、親族も医師、または資産家であることが多く、親族が「保有している土地」「経営していたクリニック」を相続するなどして、医師であり、また土地の所有者でもある「地主医師」が相当数います。

実際には相続に関する相談が多いのですが、自分ですでに土地活用をしており、よりよい活用方法を探している方。マイホーム建設、または将来の開業のために土地を購入したものの、現状は別の活用方法を検討されている方。相続対策だけではなく、地主医師ならではの相談を受ける機会も増えています。

土地活用の基本は、「土地を長期間運用し、直接的な利益を生むこと」。

医師の場合でもそれは同じで、所有している土地に働いてもらって、いわゆる「不労所得」を得るのが大きな目的です。本章前半で強調したように、特に勤務医の場合は世間の印象ほど手取り収入が多くなく、将来に向けての資産形成という意味で、土地を所有していることは大きな強みになります。

ただし、地主医師の土地活用を考えるとき、収益が最初に上がることは当然としても、それだけを目的にするのはもったいないと、私は考えます。これから医師としての人生を歩んでいくなら、たんに収益のための土地活用ではなく、「医師としての人生をよりよいものにするため」、または「医師の持つ強みや長所」を生かし、社会貢献にもつながる土地活用を考えていただきたいのです。

一般の方×土地活用＝収益

これがよくあるパターンですが、地主医師の場合は、

医師×土地活用＝収益＋医師としての将来設計＋社会貢献

より実りの多い土地活用が可能になるのです。

では、土地活用を含めた資産形成を行わない医師、行う医師の間には、どんな差がある

のでしょうか。私が実際に見聞きしてきたケースをもとに、「損するドクター」「得するドクター」として紹介したいと思います。

損するドクターと得するドクター 分かれ道は「資産形成」にあり

損するドクターとは、勤務医として忙しく働き、家族を養うために休日や夜間にもアルバイトを行い、どうにか収入アップを目指している方のこと。しかし、ほとんど休めないため心身ともに疲労困憊。せっかく稼いだお金も、自身の勉強や子どもの養育費、医師同士の付き合い、さらに高い生活レベルを希望するパートナーの交遊費に消えてしまい、将来のための資金はほとんど残りません。

一般病院勤務のA医師（40代）の場合、常勤先での年収は約1800万円。世間的には十分な高給取りですが、2人の子どもが医学部への進学を目指しているため、年収をさらに増やそうと、休日は日勤の外来のアルバイト。土曜の午後から月曜朝までの日当直アルバイトを隔週で入れていました。

年収は800万円ほど増えましたが、もちろん休みはほとんどなく、家に帰ったら寝るだけの生活で、家族団らんはほぼなくなってしまったと言います。

20代のB医師は大学病院勤務で、年収は約600万円。そのうちの160万円は週1回の宿当直のアルバイトで稼いでいます。まだ若手のため、多忙な仕事の合間に勉強会などへも参加しなくてはならず、アルバイトもままならないのが現状です。結婚を考えている女性がいますが、忙しいのに給料が上がらない大学病院に不満を抱いているようで、もう少し条件のいい職場に転職しようかと悩んでいます。

一方の得するドクターとは、資産の一部を運用することで不労所得を手にし、アルバイトで疲労困憊する日々から脱出した医師のこと。そうした医師の多くは不動産投資で家賃収入を得ています。私がご相談を受けた方の場合、最初は物件購入や銀行の融資など、慣れないことばかりで戸惑われる場面があっても、家族や恋人と一緒に過ごす時間が増え、どんどん穏やかな表情になった方が大勢います。

資金面での悩みがなくなるため、未来に対しても前向きに考えられるようになり、新しいことへ挑戦しようという意欲がどんどん湧いてくる。そんな印象です。

開業医のC医師（40代）の年収は3000万円。そのうち、500万円は不動産投資による家賃収入です。医院経営が軌道に乗らないころは、仕方なくアルバイトもしていましたが、体調を崩してしまったと言います。そこから、医院経営と同時に不動産投資をはじめたことで、すべてがいい方向に向かいました。

最初のころこそ空き室に悩まされたものの、現在は東京23区内に6戸のワンルームマンションを所有し、ずっと目標にしていた年収3000万円を達成しました。

D医師は50代、一般病棟に勤務しています。年収は1800万円。

以前は、常勤とは別に月15時間程度のアルバイトをして、その稼ぎが約15万円でした。ただ、納税額が増えてしまうこと、家族と過ごす時間がないことが不満。また50代を迎え、体力の衰えとともに、いつまで医師という職業を続けられるかと疑問を持ち、セミナーをきっかけに不動産投資をはじめます。
結果、年収は約３００万円アップ。アルバイトをする必要がなくなったため、休日は家族と旅行に行ったり、新しくはじめた趣味を楽しんだりしているそうです。

どうでしょうか。得するドクターに共通しているのは、医師としての収入のほかに、不動産投資による不労所得を手にしていること。医師として働いていれば、それは決して難しいことではないのです。こうした具体的な実例をお話しすると、ほとんどの医師は資産形成に興味を示し、どこから考えればいいのか、何からはじめればいいのかと、それこそ目を輝かせて話を聞いていただけます。

地主医師にも大きな影響を与える生産緑地の「2022年問題」とは

この章の最後に、今後の日本の土地活用を考える際、ぜひ知っておくべきトピックスを挙げておきたいと思います。キーワードは「生産緑地」「2022年問題」です。
地方に限らず都市部でも、空き家問題が深刻化していますが、新たに大量の住宅用地が生まれるのではないか、という懸念があります。これが「2022年問題」で、大きくかかわるのが生産緑地です。

都市部にある市街化区域は、文字通り「市街化を進める」ための土地であり、農地も宅地化すべきものと位置付けられています。一方、都市部にも古くから農業を続けている人は存在し、今後も農地として維持したいという要望もあり、また社会的な要請として、市街地に一定の緑地保全を求める声もありました。

そうした背景があり、1991年3月に生産緑地法が改正。市街化区域内で保全する農地としての生産緑地と、市街化を進める農地（宅地化農地）に分けられました。生産緑地に指定された農地は、固定資産税などが一般農地と同様に低い税額に抑えられ、相続税の納税猶予措置も適用されます。対して、宅地化農地は固定資産税が宅地並みに課税され、相続税の納税猶予も適用されません。

税制面で優遇される代わりに、生産緑地では30年間の営農義務が課せられました。法改正適用は1992年度からでしたが、多くの生産緑地は初年度に指定を受けているため、30年後、つまり2022年に営農義務が外れることになります。生産緑地は全国に約1万3653ヘクタールあり、そのうちの約8割が2022年に期限を迎えます。

営農義務を課せられた土地ということもあり、「生産緑地」と聞いても「自分には関係ないだろう」と、多くの地主医師は思うでしょう。都市部に暮らしている人ほどそうかもしれません。

ですが、生産緑地はもともと三大都市圏の市街化区域を念頭に定められているため、別名が「都市農地」。指定地区数、面積とも最も多いのがじつは東京で、国土交通省の資料によれば、全国の面積の約4分の1が東京都。東京に加えて神奈川、埼玉、千葉、愛知、大阪の6都府県で全体の約8割を占めているのです。

2022年に営農義務が外されたとしても、農業を続ける人はいるでしょう。とはいえ、30年前の指定時に40代だった人は70代となっており、後継者がいないケースも多いようです。

では、農業を続けられなくなった生産緑地はどうなるのでしょうか。

土地の所有者が病気などで農業に従事できなくなったり、死亡したりした場合、所有者は市区町村の農業委員会に土地の買い取り申し出ができます。自治体は特別の事情がない限り時価で買い取ることになっていますが、市区町村が買い取らず、生産緑地としてほかに買う者がいない場合は、生産緑地指定から解除されます。実際は予算不足などの理由から、自治体による買い取りは進んでいないようです。

近くに生産緑地があると土地価格の下落に巻き込まれるかも

指定解除になると、優遇されていた固定資産税が一気にはね上がるため、所有者は土地を持ち続けることができず、自治体に買い上げてもらえなければ、民間に売却するしか手がなくなります。一戸建てを建設する大手ハウスメーカー、ローコスト住宅を建設するパワービルダーと呼ばれる企業群が中心で、立地がよければマンションデベロッパーが土地の買い上げに競って参加するでしょう。

立地に難のある土地ではアパート・マンション建設が進む可能性が高いと言えます。土地の上に住宅を建てれば、固定資産税や相続税評価額が下がるため、2015年の相続税増税以降、首都圏で増えたアパート建設に拍車がかかると考えるのが自然です。それは空き室問題の悪化につながるかもしれません。

マイホームの購入、不動産売却を検討する場合、この「2022年問題」はなかなか厄介です。恐らく、2022年にかけてある程度まとまった土地が放出されるため、場所によっては不動産価格が下がります。「売るなら今」「買うなら2022年以降」と考えるのが定石ですが、住宅ローンの金利がどう動くかが問題です。

仮に金利が上昇すれば、同じ支払い額で借りられるローン額が減少するため、不動産価格には下落圧力が働きます。一方、現状の低金利のままなら支払い総額を抑えられます。

生産緑地の「2022問題」は、地主医師の土地活用にどう影響するのでしょうか。すでに土地を所有している医師の場合、それが生産緑地であるケースはあまり考えられません。問題は、所有している土地の近くに生産緑地があること。まとまった土地が売却されれば、不動産価格が下がる可能性があるからです。

逆に考えればチャンスとも言えます。

売りに出された生産緑地の立地がよければ、投資の対象として魅力的であり、土地活用のために購入する手もあるからです。

こうした制度改革を地主医師は知らないことが多く、売却される土地が買いなのかどうなのかを見極めるのも難しいでしょう。不動産投資を通じて、資産形成の信頼できるパートナーを持つ重要さは、今まで以上に高まっているとも言えます。

第2章

必ず知っておきたい土地活用の基礎知識

地主医師として知っておくべき土地をめぐる社会情勢

社会情勢を背景に土地活用への注目度が高まっているのも、本書の執筆を決めた大きな理由の一つです。注目度が高まるのは、そこにチャンスを嗅ぎ取る人が多いからであり、地主医師にもそのチャンスを逃さず手にしてほしい。そんな思いがあります。

例えば、2015年1月の相続税の改正。

土地活用をひと言で言えば、「所有する土地（主に使っていない土地）の有効活用をして、収入を得る」となりますが、これは相続税と大きく関係します。現在の制度のなかで、土地活用・賃貸住宅経営に関する部分を簡単にまとめてみましょう。

相続税の基礎控除の計算方式が、従来は「5000万円＋（法定相続人の数×1000万円）」でしたが、改正後は「3000万円＋（法定相続人の数×600万円）」と大きく減額。基礎控除を上回る分に相続税がかかるため、控除減額は、より多くの人が相続税の課税対象となる可能性を含んでいます。

同時に「小規模宅地等の特例」も改正されました。

従来は「被相続人または被相続人と生計を同一にしていた被相続人の親族（妻など）の事業用、または居住用に使用していた土地で、要件を満たす場合は限度面積までの部分について、評価額を50または80％減額できる」。これが改正後は、評価の減額が行われる限度面積と、適用面積が拡大されることになりました。

細かな数字は省略しますが、文言だけを追うと「相続税は実質増税」なのですが、特例を活用することで大きく節税できます。更地のままで相続すると、評価額を下げることなくそのまま課税されるものの、賃貸住宅などを建て、事業用の土地として相続するなどの条件を満たせば、相続税評価額をかなり減額できるのです。

こうした背景があり、収益目的の土地活用はもちろん、相続税対策としての土地活用がクローズアップされています。

土地をめぐる状況で大きいのは、２０２０年の東京オリンピックです。

ある試算によれば、経済波及効果は東京都で約20兆円、全国で約32兆円。外国人観光客の増加、宿泊施設の建設、鉄道や道路などのインフラ整備と、それに伴う新規雇用の創出、外国企業の進出などが期待されています。

景気が上向けば物価が上がります。

不動産は基本的にインフレに強く、景気に左右されずに価格が安定しているため、都心など部分的には高騰しているところもありますが、今のところ全体として大きく値上がりする様子はありません。それでも、日本経済にバブル的な兆候があらわれたら、不動産も連動して値上がりするのは間違いないでしょう。

つまり、不動産による資産形成をはじめるなら、早めに行動をするべきです。そこに気付いている投資家は、地主医師も含めてですが、すでに先を見据えた手を打っています。

ここで「投資」について少し整理してみましょう。

医師に限らず日本人のなかには、「投資」と聞くと「損をする」「だまされる」「真面目に働かない」というマイナスイメージを持つ人もまだまだ多いようです。ギャンブル、つまり競馬やパチンコと混同しているのが主な原因ですが、これはまったく別物。

ギャンブルとはつまり、結果を運に任せたバクチであって、どんなに時間をかけて研究しても、配当を決めるのは胴元であり、株や不動産のように継続的に利益を出すのは難しいでしょう。

対して、投資は経済活動の一環であり、例えばマンション経営は、入居する人に住居を提供する代わりに家賃を得るビジネスです。その住居の立地がよく、快適に暮らせる設備が整っていれば、家賃をより高く設定できる。つまり利益も大きくなります。入居者はその部屋に満足して家賃を払い、所有者は提供する対価として収入を得るのですから、そこにはＷＩＮ－ＷＩＮの関係が成り立っているのです。

現状を知り、目標を立ててはじめて資産形成の筋道がみえてくる

投資のメリットについて、みなさんは考えたことがあるでしょうか？

すすめられるままに「なんとなく」「ほかの医師もやっているから」で、株やＦＸをはじめる医師も多いのですが、「投資とは何か」「何を目指すのか」をはっきりさせる必要が

あると、私は思います。

医師であれば、多くの方が「独立開業」を将来の目標に挙げるでしょうし、老後の安心を得るため、という方もいます。どちらにせよ、投資によって利益を得ることで「将来の目標に近づける」。これが投資の大きなメリットです。

前述したように、投資は経済活動であり、株式を購入すれば、投資したお金は企業活動に使われ、不動産に投資すれば、入居者に快適な暮らしを提供できます。医療・福祉施設への投資を行えば、少子・高齢化社会が抱える課題解決にコミットすることもできる。

つまり、投資によって「社会貢献」も可能になります。

医師がどれだけ忙しく働いているか、私はよく知っています。

どんなに忙しくても、自分が貯めたお金で投資するなら、経済の動向や世界情勢が気になるはずです。問題意識を頭の片隅に置き、ニュースに接したときは「これは株価にどう影響するのだろう」「この社会課題はどうすれば解決できるのだろう」と考える習慣をつければ、それは「自己成長」につながります。社会に対するアンテナの感度を高めるのは、将来の独立開業のためにも有意義でしょう。

いざ、資産形成に向けて行動しようとする場合、私は「3つのステップがある」とお話しするようにしています。

最初のステップは「総資産の把握」。

相談を受けたものの、自分の現在の総資産を把握していない人がいます。この場合の資産は、預貯金を含めた現金や株、投資信託などすぐに現金化できるものを指します。家や車など現金化すると生活に支障が出るものは含みません。個人の銀行口座はもちろん、いざというときのために家族用に開設している口座、子どものころから両親が積み立ててくれた口座があれば、それも含まれます。

総資産の把握はスタート地点に立つこと。どういうルートで、どれくらいの期間をかけて目標額に達するかの計画を立てるために、きちんと把握しなければいけません。

総資産の把握と同様、資産形成に一歩踏み出しながら「目標額と時期」を明確にしていない人もいます。投資に限らず企業活動も、またスポーツでも「〇〇までに△△を実現する」と目標を具体化することで、そこにいたるまでの入念、かつ効果的な計画を立てることができます。投資で言えば、目標を「5年で3000万円」にするか「10年で10億円」

にするのかでは、アプローチの仕方が変わってくるからです。

例えば独立開業をしたい場合、土地や建物、医療設備を含めて最低でも1億円。開業後の運営資金、生活費、子どもの養育費、学費など、かなり長いスパンでの見通しを立てておかなくてはいけません。老後まで考えれば、できれば10億円。

金額だけみると「無理」と感じるかもしれませんが、きっちり計画を立てて進めていけば不可能ではないし、実際、私のクライアントで実現している医師が何人もいます。

総資産を把握し、具体的な時期と目標が決まったら、ここで「どうやって資産を増やしていくか」、その方法を決めます。この「総資産の把握」「時期と目標金額の設定」「具体的な計画立案」が、資産形成の3つのステップです。

不動産投資の副次効果
節税効果を賢く利用したい

税制に詳しい方はすでにご存じかもしれませんが、日本の所得税は累進課税制度であり、現在の最高税率（年収4000万円超）は45％。高額所得者は「稼いでも半分は税金で持っていかれる」状況にあり、資産形成では節税をしっかり考えなくてはいけません。

将来は現金や株、不動産といった分散所有をしている資産も、マイナンバー制度によって国から正確に把握され、一本化して課税される可能性も大いにあります。

現在、預金の利息や株・FXなどで得た利益にかかる税率は一律20％ですが、今後は欧米のいくつかの国と同じように給与と合算され、累進課税の対象になるかもしれません。資産形成の方法を考えるときには、「節税面ではどれが最も有効か」を、今まで以上に重視しなくてはいけないのです。

私が医師に不動産投資をおすすめするのも、「節税」が大きな意味を持ちます。それを含めて、不動産投資・土地活用の仕組み、事例を改めて確認しておきます。

不動産投資の目的は、収益用の物件を購入し、それを第三者に賃貸することで毎月の安定した家賃収入を得ること。投資家（オーナー）は多くの場合、銀行などの金融機関から融資を受けて物件を購入します。家賃収入からローンの返済をしていくため、毎月の家賃収入からローンの返済など支出を引いたものが利益です。

また、利益には購入した不動産を第三者に賃貸することで、得られる（家賃収入）インカムゲインと、景気などの影響で不動産価格が上昇した際、購入価格より高い価格で売却して得られるキャピタルゲインの2種類があります。

インカムゲイン、キャピタルゲインはどちらも直接的な収益ですが、不動産投資・土地活用には副次的な資産形成機能があり、これも大きな魅力になります。資産を最大化するには欠かせない機能であり、キーワードは「節税」「私設年金」「生命保険代替」。それぞれ概要を説明していきましょう。

●節税

医師のような高額納税者にとって、節税という視点からみた場合、不動産運用はとても相性がよいのです。なぜかというと、不動産から得た収入は、勤務医として得た給与と合算する「損益通算」を行い、確定申告ができるからです。株やFXで得た不労所得は損益通算ができません。給与とは別に、その額に応じて納税する必要があります。

なぜ同じ不労所得なのに、不動産だけが損益通算できるのか。不動産は国の経済の要でめるため、国策として、不動産に関する収益は税制上優遇されると、私は思っています。

事業所得は、家賃などで得た収入から減価償却費、金利といった費用を事業損失として差し引いて計上します。建物など非常に高額な資産を購入した際、一度に経費として計上してしまうと、その年の決算が大赤字になってしまいます。また、建物や高額な設備は消耗品ではなく、数年にわたって使用可能なため、それぞれの耐用年数に応じて小分けに計上するのです。

耐用年数は国が定めており、例えば、鉄筋コンクリート（RC造）の建物は「47年（病院用は39年）」、木造住宅は「22年」。不動産を購入すると、これだけの期間、減価償却費として計上できます。

具体的に数字を挙げてみましょう。

所得税と住民税（住んでいる地域によって異なる）は、課税所得（収入から経費・控除を引いた額）に、一定の税率をかけることで決まります。不動産運用により生じる減価償却費や利息などを帳簿上の赤字として計上し、課税所得を減らすことで節税が可能になります。

勤務医としての給与所得が年間1500万円の方を例に見ていきましょう。諸控除を引いた1104万円が課税所得となった場合、所定の税率をかけて「所得税211万円」「住民税110万円」、合わせて「321万円」が、通常の納税額になります。

ここで1億円の物件を自己資金1000万円、銀行から融資9000万円で購入したとします。すると、減価償却費や金利、登記代、火災保険、リフォーム代などが経費として認められます。それらを合わせて1100万円として、この物件の家賃収入が年間1000万円とすると、経費から家賃収入を引きます。

1100万円（経費）－1000万円（家賃収入）＝100万円（年間損益）

この100万円を課税所得から引き、損益通算をして確定申告ができるのです。

計算すると「所得税178万円」「住民税100万円」となり、合わせて「278万円」。つまり「321万円－278万円」で、「43万円」の節税が可能になります。もちろん所得が高い人ほど、不動産投資における節税効果も高くなります。

続いて相続税について。資産を現金で相続しようとすると、そのままの額が相続税評価になります。３０００万円の現金なら、そのまま３０００万円が課税対象です。

不動産で相続する場合、建物価格は固定資産税評価、土地部分は路線価で評価され、時価よりも低くなります。現金で相続する場合に比べて、50~70%相当の資産評価となるため、相続は不動産で行ったほうが圧倒的に有利です。

土地活用に備わっている私設年金、生命保険代替の機能

●私設年金

老後の暮らしを考えるとき、どうしても気になるのは年金制度です。政府はしきりに「安全安心」を強調しますが、これから少子・高齢化がさらに進むのは明白であり、今の制度で維持できなくなるのではと、不安になるのも当然です。

維持できたとしても、給付金額は大きく減額され、また給付開始年齢が引き上げられた

らどうでしょう。今のところ、一般の会社員より所得が高いとしても、医師のなかにも将来の年金に不安を持つ人は大勢います。

公的年金に頼らず、「私設年金」のための金融商品も多くありますが、じつは不動産投資には、私設年金として頼りになる側面もあります。

不動産投資を行う場合、多くの人は銀行から融資を受けてローンを組み、家賃収入を得ながら月々の返済をしていきます。そして、ローン完済後は、返済にまわしていた家賃収入も含めて安定した不労所得が得られます。この不労所得こそ、不動産投資が私設年金となりうる理由です。

私設年金として資産を築くには、なるべく早い段階でローンを完済するのがベスト。その点、医師は社会的な信用度が高く、20代、30代の若いころにも銀行から多額の融資を受けやすいので、かなり有利な立場だと言えます。

●生命保険代替

私も相談を受けた経験がありますが、勤務医のご主人が不動産投資に魅力を感じ、資産形成のために一歩踏み出そうとするとき、家族、特に奥さんがストップをかけることがあります。理由は銀行からの融資。資産を築くためには融資は欠かせないのですが、どうしても「借金」と受け止めてしまい、「数千万円も借金するのはありえない」となるのです。

そんなときの説得材料の一つになるのが「生命保険代替」です。

物件をローンで購入する際、住宅ローン専用の団信（団体信用生命保険）に加入します。すると、ローンを返済しているご主人が死亡、または8大疾病・高度障害等になった場合、団信によってローンの残債が一括返済される仕組みです。ご家族はローンが完済した物件を相続したうえで、毎月の家賃収入を生活費や養育費に充てられます。もちろん、物件を売却することで、まとまった利益を得ることも可能です。

土地活用の基本と医師だからこその注目ポイント

ここまで「土地活用」という言葉を使ってきましたが、そこにどんな要素が含まれるのか、正確に答えられる人は少ないのではないでしょうか。なんとなくのイメージは浮かんでも、具体的にどんな方法があり、自分はどれに向くのか。「わかったつもり」で、考えがいたっていない人も多いでしょう。そこで、土地活用の基本とその種類。さらに、医師の強みを生かせる方法についてまとめてみましょう。

土地活用を大きく分けると、次のようになります。

○売る
○貸す
○共同活用
○自己活用

以上、4つのタイプですが、具体的な手法はさまざまで、目的をどこに置くかによって比較ポイントも変わります。ここで強調したいのは、土地活用の最適解は「人によって異なる」ということ。また、エリアごとに法律や条例等によって建設できる建物の種類や規模は制限され、当然、需要と供給のバランスからも活用方法は変わってきます。

●売る

土地は保有しているだけで固定資産税等の税金の対象となるため、活用しなければ単なる負の資産になりかねません。そこで、資金需要がある人や、活用する予定のない土地を持つ人は、土地を売却して換金するという手があります。

この場合、売却して利益が出ると、保有期間と用途に応じて譲渡所得税がかかり、短期譲渡所得の場合、利益の約4割を納税しなければいけないため、事前によく確認することをおすすめします。

売却が選択肢になるのは、納税や住宅購入等でまとまった資金が必要な人。遠方地に使う予定のない土地を所有している人。相続等で土地を取得したものの、活用することは考えていない人などです。

●貸す

所有地を店舗や賃貸住宅などの運営業者に10～30年程度の長期間貸し出し、地代収入を得るのが「定期借地」で、これも土地活用の一つです。メリットは、運営業者が建物の建設と事業を行うため、土地の所有者には初期投資の必要がなく、立地条件と事業がマッチすれば高い地代収入も期待できます。

これは大きなメリットですが、最低10年は土地を提供しなければいけないため、しばらく自分で活用する予定がない場合は有効な手段でしょう。「売却」と比較した場合、「土地を売りたくない」、または「地価が下がって売却のメリットが少ない」なら、定期借地のほうが有利と言えます。

その土地で運営される事業は、コンビニ、トランクルーム等の商業系、賃貸マンションなどの住居系、クリニック等の医療系などさまざま。契約期間や設定地代は業種によって異なるため、土地の特性を生かせるものを選ぶ必要があります。

この方法は、土地活用の機会は残しておきたいが、自分では投資したくない人。遠方地に使う予定のない土地を持つ人。土地の規模が大きく、自分だけで投資するには荷が重い人などに有効と言えます。

地主医師の場合も、年齢がまだ若く（20代、30代）、独立開業は10年以上先と考えているなら、定期借地を検討してもいいと思います。

特に、自宅のほかに親や親族から相続した土地があり、将来は活用したいが今すぐその予定がないなら、何もせずに固定資産税等を支払うよりも、定期借地として地代収入を得たほうが資産形成につながります。

●共同活用

具体的な方法の一つが「等価交換」。

土地の所有者が、デベロッパーなどの事業者と共同で事業化する土地活用で、幹線道路沿いなど中高層マンションや、大規模な商業施設などを建てられる土地を所有しているなら、選択肢として検討する価値はあるでしょう。

自分は投資をせずに、土地の収益性を最大化できるところが魅力ですが、対象となるのは相当な大地主。また、土地は事業者との区分所有になるため、契約以降は自分の自由に活用することはできません。

もう一つは「土地信託」。

所有地を信託銀行などの信託会社に信託し、事業化してもらう方法で、「等価交換」同様、規模の大きな建物を建てられる土地を所有しているなら有効な選択肢です。違いは、土地を預けるだけなので所有権はそのまま残ること。ただ建築費の償却、運営経費、信託会社へ支払う報酬等が発生します。

立地や環境、規模によって土地活用の最適解はさまざま

●自己活用

一部の大地主ではなく、医師を含めて一般の地主の場合、土地活用と言えばこの「自己活用」を指します。方法は数多く、一部をここで紹介しておきます。

・駐車場経営

大きく分けて「月極駐車場」と「コインパーキング」があります。

決して収益性の高い活用方法とは言えませんが、初期投資を抑えられるのが大きなメリット。また「短期間だけ活用したい」「将来どうするか決めていないので柔軟な活用をし

たい」など、とりあえずの活用ニーズには最適な方法とも言えます。

・賃貸住宅経営

住居系建物建築のなかでは、最も手軽にはじめられるものの一つが賃貸住宅経営。特に相続税対策では真っ先に候補に挙がることが多いようです。投資額は数千万〜億単位で多額ですが、相続税対策では一定規模以上の投資をしないと圧縮効果が小さくなってしまうため、資産に合わせて最適な規模の投資を行うことが重要になります。節税効果に加えて、多くのエリアで経営可能なところもメリットの一つ。相続税や固定資産税等の節税が目的なら、地主医師にもおすすめできます。

・トランクルーム経営

業者と共同で所有する土地にコンテナ等を使った施設をつくったり、建物の一部を収納スペースとして、一般の利用者に貸し出したりする方式です。周辺の環境にかかわらず、比較的高利回りを狙えるのがメリット。日当たりが悪い土地、賃貸住宅が飽和している土地を所有しているなら、それを逆手に取って活用してもいいでしょう。

・ソーラー経営

土地や建物の屋根などに設置したソーラーパネルで発電し、既存の電力会社に売電することで利益を上げます。買取価格は年々下がっており、利回りも低下傾向にありますが、逆に「落ち着いてきた」とも言えます。

長期間、安定して収益が見込めるところが魅力で、安定性を重視したい人、建物の建築が法律で制限されている土地を所有しているなら、検討する価値はあると思います。

・商業施設経営

主に、所有する土地にコンビニや飲食チェーン店舗などの事業者と共同で開発・出店する方法です。最大のメリットは、交通量や人通りさえ多ければ、土地活用の手法のなかでも最も利回りのいい経営が期待できること。周辺にそうした施設の少ないエリアでは、商業系施設の出店によって社会貢献も可能になります。

一部を挙げましたが、土地活用の種類はさまざま。自己活用の方法は、所有する土地の規模や条件にもよりますが、地主医師にもおすすめできるものです。ですが、それではほかの地主と変わらず、「医師ならではの強み」を生かした土地活用とは言えません。節税効果も収益性も最大化できる「医師ならでは」の方法を、紹介していきましょう。

「医師×土地」の発想で医師ならではの強みを生かす

・医療系施設経営

所有する土地に、開業医や医療法人などの医療事業者と共同でクリニックや病院を開設し、運営する土地活用のこと。診療圏内に一定以上の人口が存在し、需要が見込める場合、開業医や医療法人と提携したうえで開設を進めるのが一般的です。

運営には2つの方法があり、自分で建物を建築する「リースバック方式（一括借り上げ方式）」と、土地を貸すだけの「事業用定期借地方式」。規模の小さなクリニックならリースバック方式、大きな病院なら事業用定期借地方式を選択することが多くなります。

需要のあるエリアでなければ経営が成り立たず、エリアが限定されるというのがデメリットですが、比較的高利回りが期待でき、社会貢献にもつながる活用方法です。アパート・マンション経営は、供給過剰なエリアでは入居者集めに苦労することもあるものの、近くに競合するクリニックや病院がなければ、まとまった土地を一気に活用できるのも魅力と言えます。

一般の地主が医療系施設を経営しようとすると、協力してくれる医療従事者、つまり医師の存在が不可欠です。地主医師ならその問題はなく、自分が所有している土地であれば、独立開業をしてもいいでしょうし、知り合いの医師と一緒に、複数の診療科のある多診療科型クリニックを開設してもいいでしょう。事業用定期借地方式だと、地主と医師で利益を分配しますが、地主医師ならすべて自分の収入にできます。資産形成という意味で、これは大きな魅力ではないでしょうか。

・介護系施設経営

介護系施設は種類が多く、提供されるサービスも異なるため、必要な建物設備、民間に

よる建築の可否・総量規制（行政による建築規制）の対象が異なります。民間による建築が許可されているものを挙げると、

介護付き有料老人ホーム
住宅型有料老人ホーム
健康型有料老人ホーム
サービス付き高齢者向け住宅（サ高住）
通所介護（デイサービス）
短期入所生活介護（ショートステイ）
小規模多機能型居宅介護
認知症対応型共同生活介護（グループホーム）

などがあります。

運営の方法は、医療系施設と同様、自分で建物を建築して貸し出す「リースバック方式（一括借り上げ方式）」と、土地を貸すだけの「事業用定期借地方式」の2つに大別できます。民間建築の場合はリースバック方式が一般的なようです。

介護系施設運営のメリットは「社会貢献性の高さ」、そして「高齢化社会のなかで将来

も持続的な需要が見込め、安定かつ高利回りの土地活用が可能なこと」。デメリットは、施設の種類によって幅はあるものの、「十分な広さの土地、数億円から数十億円にもなる多額の資金が必要なこと」ですが、社会的ニーズの高い土地活用であり、国や自治体からの補助、介護事業者からの補助があります。補助金を効率よく活用すれば、特に都市部などの供給が足りていない地域では有力な土地活用の手法と言えるでしょう。

土地活用の種類を挙げてきましたが、「医師×土地」の相乗効果で、土地の利用価値と収益性を高められるのが医療系施設経営、介護系施設経営です。この「医師×土地」の相乗効果は、今後、加速することはあっても、減速することはないと考えます。その理由は、国の政策を追い風としているからです。

地域包括ケアシステムは医師の土地活用との相性がバツグン

現政権が成長戦略の柱の一つに位置付けているのが、「健康・医療」。

その背景にあるのは、これから日本が直面する超・超高齢社会です。増え続ける医療費をどう抑制するかが大きな課題となっていますが、それには高齢者となる人たちに「健康で長生き」してもらわなくてはいけません。ICT（情報通信技術）の活用はもちろん、健康産業による新サービスの創出も求められており、民間企業の新規参入も盛んになっています。

医療を経済成長と結び付けるには、医療機器や医薬品を輸出するだけでなく、諸外国に向けて高度な医療サービスを提供する視点も求められます。医療と観光を結び付けたメディカルツーリズムはその一例です。

医療制度の改革も進められるはずです。

保険診療と自由診療の混合診療が日本では原則禁止されています。治療を併用することは可能ですが、保険外の高度医療を受けた場合、保険診療分もすべて自己負担になってしまいます。この混合診療の解禁に国が踏み切るかどうかが大きな注目点です。

実現すれば、自由診療であっても保険診療分には保険が適用され、患者の金銭的な負担は減ります。となれば、最先端の医療を受けられる自由診療の選択が増えるのは間違いなでしょう。すると、新しい医療技術、設備を導入する医療機関が増え、医療の技術革新が進むと考えられています。

経済成長につながるだけでなく、医療費の抑制という観点からも、混合診療の解禁は時間の問題ではないでしょうか。

では、新しい医療サービス事業のために、必要となるのは何でしょうか。もちろん資金や設備は欠かせませんが、サービスを提供する病院やクリニック、建設する土地などの不動産。そして、患者さんや高齢者と向き合う医師の存在がなければ、文字通り「絵に描いた餅」で終わってしまいます。

医療と不動産は密接な関係にあり、不動産と医療の知識や経験を生かしたサービスを提供することで、「医師×土地＝利用価値と収益の最大化が可能になる」と強調する理由は、ここにあります。

もう少し話を具体化してみましょう。

医療改革の一環である「地域包括ケアシステム」は、不動産事業との相性がいいと私は思います。介護が必要になった高齢者が、住み慣れた自宅や地域で暮らし続けられるよう、

5つのサービス（医療・介護・予防・生活支援・住まい）を一括して受けられる体制のことで、医師のみなさんは当然、よくご存じでしょう。

現在、65歳以上の人口は国民の約4人に1人となっていますが、厚生労働省は、2042年には約3900万人となり、その後も75歳以上の人口割合は増え続けると予測しています。数の多い団塊の世代が75歳以上となる2025年以降、医療や介護の需要が増加するのは間違いないため、国は地域包括ケアシステムの推進に注力しています。

30分以内に必要なサービスを提供できる環境を目指す。国はそう掲げていますが、現状では、スムーズな在宅介護を行う「サービス付き高齢者向け住宅」が不足しています。

こうした住宅では、ニーズに合わせて適切なサービスが提供できること。入院、退院、在宅医療というように状況が変化しても、医師はそれぞれの利用者を理解したうえで向き合わなくてはいけません。

5つのサービス（医療・介護・予防・生活支援・住まい）を円滑に提供できる体制づくりと、医師や弁護士などとのスムーズな連携が必要であり、この課題をクリアすれば、高齢者が早く退院し、住み慣れた住宅で暮らせるようになります。

5つのサービスを補足すると、

○医療との連携強化
○介護サービスの充実
○予防の推進
○見守り、配食、買い物などの生活支援サービス
○高齢者にとって快適な住まいの整備

これは「サービス付き高齢者向け住宅（サ高住）」の推進にもつながると言えるでしょう。24時間対応の定期巡回、随時対応サービスなど、要介護の方の住宅生活を支援するため、訪問看護と訪問介護を連携させ、対応することも求められます。それには介護する側と看護する側、そして地域医療機関との連携も欠かせません。

とはいえ、民間企業が参入して、すぐに実現できるほど簡単ではないのも事実。そこで、医師のみなさんが中心となり、「サ高住」のオーナーとなって施設をつくり、そこにデイサービスなどの介護施設を併設していけば、幅広くかつ質も高いサービスを提供できるようになるはずです。

病院に長期入院をする高齢者が増えれば、必要な治療を受けられない人が増える可能性もあります。日常生活に支援や介護が必要な人は、今後ますます増えていくため、たとえ認知症や慢性疾患となっても、地域で暮らせる仕組みづくりは急務です。地主医師が、土地を所有する側とサービスを提供する側の両方から携わることができれば、ある種の理想と言えるのではないでしょうか。

土地活用の4つのリスクとその処方箋

土地活用が不動産を使った「投資」である以上、そこにリスクは必ず存在します。主なリスクは次の4つ。

○空室リスク

○老朽化問題・管理修繕費変動リスク
○天災リスク
○不良施工問題

所有している土地で、マンションなどの賃貸経営を行う場合、最も大きなリスクは空室です。インカムゲインを目指す不動産投資で、収入源となるのはもちろん家賃。空室は収入ゼロにつながるため、定期的にリフォームを行って価値を維持する、近隣の賃貸住宅の相場を見ながら家賃を下げるなどの工夫が必要です。

サブリース契約を結ぶのも一つの手。これは、不動産会社が物件を預かり、オーナーに代わって入退去手続きをしてくれるもの。「客付け」の保証をすることで手数料が発生しますが、安心を買うための必要経費と思えば高くはないはずです。

また、家賃保証に関しては不動産会社・管理会社によって仕組みが異なるため、よく確認したほうがいいでしょう。

次の老朽化問題・管理修繕費変動リスクですが、不動産は経年劣化するため、修繕やリフォームなどのメンテナンスが必要になります。初期投資も、メンテナンスも融資を受けて行う場合、なるべく金利を低く抑えるために変動金利を選択する人が多いと思います。すると、金利が上昇したときにトータルの返済額が増えるというリスクもあります。

その場合、返済期間を短くしたり、繰り上げ返済を行ったりなどの方法でリスクを軽減するよう考えてみてください。まだしばらくは低金利が続きそうなうちに、できるだけ繰り上げ返済をしたほうがいいでしょう。

天災リスクは、地震、台風、大雨などによる被害ですが、最も怖いのはマンションなどの倒壊。ですが、阪神淡路大震災、東日本大地震の際も、30年以内に建てられたマンションなら、ほぼ倒壊まではいたっていないというデータがあります。部分的な補修等は必要になるかもしれませんが、倒壊で資産価値がゼロになる心配は低いようです。

不良施工問題に関しては、土地の所有者、マンションのオーナーがどれだけ注意していても防ぎようがない人災です。このリスクへの対処法は「信頼できる不動産会社、つまりパートナーを選ぶこと」、これに尽きます。土地をどう活用するかはもちろん、医師のキャリアを含めて提案を行い、施工の細かな部分まで入念にチェックしてくれるようなパートナーとの出会いが、最大のリスクヘッジになると思います。

第3章

医師のメリットを最大限に生かした土地活用術

医師が陥りがちな資産形成に対するアレルギー

これまで多くの医師に資産形成の提案、アドバイスを行ってきましたが、医師特有のメンタリティがあるようにも感じています。それは、「資産形成に対するアレルギー」です。

医師として十分な収入があるからという理由で、リスクを取って資産形成をやる必要を感じていない方がいます。理由はさまざまですが、これは「リスク」に対するアレルギーで、要は「損をしたくない」というメンタリティでしょう。過去に株やＦＸなどの投資が、上手くいかなかった方に多く見られます。

もう一つは「しつこい勧誘」に対するアレルギー。日本の社会において、医師という職業は間違いなく富裕層として認識されます。勤務医の場合、過酷な労働とそれに見合うとは言えない年収という実態があるにせよ、世間一般では「医師＝富裕層」です。

高収入、また十分な資産を持つ方をターゲットにした富裕層ビジネスが盛んな今、医師は非常にわかりやすいターゲットです。

クルマをはじめとする嗜好品はもちろん、さまざまな投資話も営業担当から持ち込まれるでしょう。執拗な営業に対してうんざりしているため、それが資産形成に対するアレルギーになってしまうのです。

どちらも理解できます。が、ここで改めて強調したいのは、「リスクを取らないで何もしないことが将来的にはリスクになりうる」ということ。

勤務医の実態が、世間で思われているほどの高収入ではなく、診療報酬の引き下げなどによって、今後も収入が維持される保証はありません。すでに土地を所有している地主医師の場合、税制改革等によって状況は変わり、何もしなければ土地が「負債」になることも十分にありえるのです。

目先の損得ではなく、自分の医師としてのキャリアを俯瞰すれば、なるべく早い段階から資産形成に取り組むべきだという話が、すとんと腹に落ちるはずです。投資にはリスクがあります。ですが、医師ならではの強みを生かせば、一般の会社員よりはるかに有利な資産形成ができます。

ここをしっかり認識してほしいと思います。

多くの大手企業が過去最高の収益を上げるなど、今の日本は「景気がいい」とされています。でも、それは決算の数字だけで、会社員の多くは好景気を実感できていないとも聞きます。理由は明らかで、企業は収益を内部留保としているため、人件費に還元されるのはわずか。しかも、拠点を法人税率の低い海外に移す流れも加速しています。

よく言われるように、日本の法人税率は世界でもトップクラスの高い水準です。さまざまな控除があり、また政府は法人税率を引き下げる方針ですが、東南アジア各国は10％台であり、生産拠点を移すのは経営判断として至極まっとうと言えます。

海外に資本を投入すれば、市場開拓と同時に雇用も行うでしょう。現地のリサーチ、現場での判断は現地の人間に任せたほうが合理的だし、人件費も安い。本社機能は日本国内に置きながら、各国の現地法人を強化する方向に向かうのではないでしょうか。

そうなると、困るのは国内の会社員たちです。ボーナスは前年よりわずかに増えているかもしれませんが、固定給はあまり増えず、真面目に勤めていても大きな収入増は見込めない。採用をグローバルで行う企業が増えていけば、リストラに脅えながら働かなくてはいけないかもしれません。

融資のレバレッジ効果は一般の会社員より医師のほうが大きい

医師の強みを整理すると、まず「社会的な信用力の高さ」があります。

資産形成を考えるとき、目標を大きく設定すればするほど金融機関からの「融資」が必要になります。一般の会社員より収入が高い医師とはいえ、初期投資の資金としてポンッと数千万円を現金で用意できる方は少数。多くの方は融資を受け、得するドクターへの一歩を踏み出します。

融資を言い換えれば「借金」。間違いではありませんが、子どものころからお金についての教育を受け、会社勤めよりも起業を志す人の多い欧米と違い、日本では借金は「悪」であり、「可能な限りしないほうがいいもの」と考える傾向があります。

会社経営でも、事業資金としてお金を借りるよりも「無借金経営」がよしとされますが、将来のための有意義な投資であれば、たとえ一時的に赤字になったとしても、融資を受けて攻めの経営を行うべきではないでしょうか。

経営者はなぜ、事業資金として融資を受けるのか？

理由は明白で、「将来、受けた融資以上の収益が見込めるから」です。つまり、融資は借金ではなく、会社の成長のために欠かせない資源と言えます。

それは個人でも同じ。マインドセットをこう切り替えてみましょう。

融資（借金）＝レバレッジ効果を生むもの

レバレッジは「テコ」、手元の資金は少なくても、融資を「テコ」にして大きな取引が可能になります。年収1500万円の医師が2人いて、一人は定期預金で、一人は不動産投資で資産形成をはじめたとしましょう。今の低金利が続くとすれば、リタイアするとき、預貯金派の資産はよくて数千万円ですが、不動産投資派の資産は10億円を超えることも。

これだけの大きな差も十分に考えられます。

「10億円なんて、無理に決まってる！」

そう感じる方が多いかもしれません。

確かに、何もせずに土地をほったらかしておいて、コツコツ預貯金しても、そこには到達できないと思います。ですが、融資を受けて、テコの原理を使った資産形成を行えば、決して夢物語ではありません。

問題は、初期投資としてどれだけの融資を受けられるか。じつはここに、医師の強みが大いに発揮されるのです。

外資系企業はもちろん、日本の企業でも、役員クラスなら年収3000万円は珍しくありません。病院に勤務する医師の平均年収は、前述したように約1500万円ですから、数字だけで比べると前者のほうが多額の融資を受けられそうです。でも、ほとんどの金融機関は「医師に融資をしたい」と答えるはずです。なぜかというと、医師の信用力のほうが圧倒的に高いからです。

今後、政府の狙い通りゆるやかなインフレが続く場合、連動して会社員の給料も上がるでしょうか。毎年のように企業は「過去最高の収益」を上げながら、会社員はずっと実感に乏しい状況にあるのですから、急に上がるとは考えにくい。また外資系企業の場合、今は高給取りであっても、会社の方針でいつその収入を失ってもおかしくはありません。安定感に欠けるのです。

それなら、診療報酬の改定等のマイナス要素はあるものの、将来の「見込み年収」を想定しやすい医師に融資するのは理にかなっています。クライアントの女性医師のケースですが、育休中だったにもかかわらず、融資申請を行うと一発でＯＫ。しかも、一般の会社員よりはるかに大きな金額の融資を受けられました。理由は「医師だから」です。

融資の限度額は、一般の会社員の場合、年収の約10倍といったところ。年収が５００万円だとすると、５０００万円が融資限度額になります。

医師はというと、年収の20倍前後が多く、25倍というケースもあります。年収が１５００万円で、20倍の融資を受けられれば最大で3億円にもなるのです。

これが資産形成にどう影響するか、比較してみましょう。

一般の会社員が、地方都市に５０００万円で木造アパート８戸を所有したとします。家賃が月々５万円とすると、年間の家賃収入は４８０万円。

医師が3億円の融資を受ければ、都内に20戸ほどの鉄筋コンクリートマンションの一棟買いも可能です。家賃が月々10万円なら、年間の家賃収入は２４００万円。年収の差は3倍なのに、家賃収入になると5倍に開きます。大きな融資を受けられる医師のほうが、レバレッジ効果によって大きな収益を生み出せるのです。

会社員より医師のほうが土地活用の節税効果を期待できる

なぜ融資に関して、医師はこれほど有利なのでしょうか。

世の中にはさまざまな職業がありますが、医師はヒエラルキーの頂点グループに属します。一般の会社員より高収入であり、医師として働き続ける限り、安定的な高収入が見込めます。また、基本的に定年がありません。

一般企業でも定年後の再雇用は珍しくありませんが、給与はかなり低く抑えられてしまうのが現状です。医師はというと、本人の気持ちと体力次第では、何歳までも働き続けられるし、高い収入を得るのも可能。金融機関が「一般の会社員よりも医師」を選ぶのは、当然ではないでしょうか。

「それは弁護士や税理士、公認会計士も同じでは？」と考える方もいると思いますが、大きな違いがあります。例えば、弁護士や公認会計士は自己破産をしたらアウト、資格が制限されてしまう。ところが医師は、自己破産をしても医師免許を取り上げられないこともあります。医師の存在は、医療を提供する社会のインフラ、つまり欠くことのできないものであり、ステータスが非常に高い。なので、年収の20倍もの融資が受けられるのです。

また、すでに土地を所有している地主医師であれば、より大きな融資を受けられる可能性もあります。これはぜひ知っておいてほしいポイントです。

土地を活用し、賃貸住宅経営、駐車場経営などをはじめた場合、メリットとして最もわかりやすいのは節税効果でしょう。

日本の所得税は累進課税であり、高所得者ほど税率が上がることは前述しました。例えば勤務医の多くがあてはまるであろう年収９００万〜１８００万円の場合は33％。１８０

0万円以上は40%、4000万円以上は45%となっています。

ある医師の年収が「1500万円」と聞くと、一般の方々は「やはり医者は高給取りなんだ」と思いがちですが、所得税と住民税などの税金、保険料などを差し引くと、自由に使える可処分所得は数百万円。額面は一般の会社員よりも稼いでいるのに、実際に使えるお金はちょっと多い程度です。

「どれだけ働いても税金で持っていかれる」
「税金を払うために働いているようなものです」
「確定申告の季節になると憂鬱な気分になる」

私のクライアントの医師たちは、相談の最初の段階で、ほぼ必ず税金の高さを口にします。何もしなければ、毎年多額の納税をしなければいけませんが、土地を活用した不動産投資を行えば、ここでも医師の強みを生かした節税が可能です。

具体的には、前章でふれた「損益通算」。不動産から得た収入と、給与所得を合算して確定申告をすることによる節税効果です。建物などを減価償却する効果は、マンションを

1戸所有するよりも、複数戸の所有、または一棟所有のほうが大きくなります。高額納税者ほど節税効果を期待できるため、一般の会社員よりも高収入で、金融機関からの融資を受けやすい医師のほうが有利なのです。

昔から言われるように、不動産投資は「ミドルリスク・ミドルリターン」。確かに、ある程度まとまった資金が必要になり、株やFXのように短期間で数倍に大化けすることは望めません。ですが、医師に関しては「ローリスク・ミドルリターン」だと、私は思います。自己資金は少なくても、レバレッジ効果で大きく運用できるし、節税効果も大きい。これが、医師たちに自信を持っておすすめする理由でもあります。

ただし、ここが大切なのですが、土地を活用した不動産投資は、家賃等の収入がローンの返済を含めて支出より多くなり、黒字にならなければ意味がありません。購入時は不動産取得税、登記代、火災保険料、リフォーム代等々の経費がかかり、帳簿上はマイナスになります。

その期間を過ぎて黒字になると、給与所得と合算した節税対策はできなくなります。節税はあくまでも最初に得られるメリットであり、長期的には家賃等の収入＝インカムゲインによって資産を増やす。ここからが不動産投資による資産形成の本番です。

「医師×土地活用」の成果を最大化させるには「コンセプト」が必要

医師から相続の相談を受けることも多いのですが、対策の基本は「不動産化」と「賃貸」になります。税法では、現金を何かほかのモノにかえると評価は下がります。親から現金で相続するよりも、土地、土地がすでにあるなら建物を新築するなど、不動産化して相続したほうが相続税をかなり圧縮できます。

また、マンションなどを建てて賃貸にすると、評価額はさらに下がっていきます。税法上、賃貸住宅が立っている土地は「貸家建付地」として、一定割合を減額評価されるためです。貸家の場合、建物に他人の借家権が発生し、建物も土地もその分の制約を受けることから、その価値を減額するという考えです。

資産家のみなさんは「相続税という言葉を聞くのも嫌」という顔をしますが、相続税法には納税者の負担を軽減できるさまざまな特例があるため、目の敵のように考えずに、その内容をしっかり把握することをおすすめします。「敵」を知らなくては、効果的な対策を立てられないのは、スポーツも節税も同じ。例えば「小規模宅地等の特例」では、相続した後の生活を考慮し、相続税が大幅に減額されるようになっています。

相続税は、そもそも日本人全体の5％程度しか対象にならない、資産家向けの税金です。とはいえ、土地は高額になることが多く、まとまった土地を所有している人、地価の高い都市部に土地を所有している人のほとんどは相続税の対象となるので、土地活用による相続税対策はぜひ検討すべきです。

所得税や相続税対策で土地活用を行う場合、「税金の優遇が受けられる住居系建物建築による評価額の引き下げ」が重要なポイント。不動産会社へ相談に行くと、マンション・アパートなどの「賃貸住宅経営」をすすめられるはずです。間違いではないし、私も大勢の地主医師にすすめ、成果を上げてもらっています。

不動産のオーナーが事業展開を行う場合、相当大きな土地を所有する地主でもない限り、アパートやマンションの賃貸住宅経営が有力な選択肢ですが、医師であれば、経験や知識、医師としての信用力を生かして、ほかにもさまざまな事業展開が可能です。賃貸物件とクリニックを併設してもいいし、介護系の施設を建ててもいい。

賃貸住宅経営には駅から徒歩何分、近くにスーパーマーケットがあるかなどの環境が重要になりますが、「医療系施設」「介護系施設」の場合、提供するサービスへのニーズがあるか、将来的に喚起できるかが大切なポイントです。

医師にしかできない土地活用、「医師×土地」で得られる成果を高めるために、注意したいのは「周辺エリアの医師数」と「コンセプト」になります。

医師が土地活用をする際は、最寄り駅からの距離、近くに商業施設があるかどうかよりも、人口密度と周辺の医師の数を調べる必要があります。

埼玉県の大宮駅周辺を例に挙げると、JR埼京線で新宿までわずか30分。上越・北陸・秋田・山形・東北・北海道新幹線が乗り入れる、東日本屈指のターミナル駅であり、近くに高速道路もあります。

不動産投資をする際、とても魅力的な場所ですが、さいたま市大宮区のある埼玉県は、

「人口10万人対医師数」（厚生労働省）ではワースト1位。つまり、日本で「最も医師が不足している県」であり、医師が開業するには最適の場所とも言えます。

どうしても、収益性を高めようとすると「人口密度」の高いエリアが思い浮かびますが、そうしたエリアは人気であり、土地も物件も高くなりがち。

医師の場合、ただの人口密度ではなく「医師密度」が重要な視点です。一般的な不動産価値ではなく、「医師にとって魅力的かどうか」を価値基準にすることで、安く購入することもできます。将来、そこを拠点に医療系施設を開業すれば、不動産としての価値はグッと高まるでしょう。

安く買って、付加価値を付ける。これが不動産投資で収益を上げるための鉄則ですが、では、この場合の付加価値とは何でしょうか。

それが「コンセプト」。

一般的には人気の低いエリアだとしても、医師ならではのコンセプトが加わることで、周辺のどの物件よりも魅力的、かつ収益性の高い存在になることがあります。医療系施設が少ない場所であれば、近隣の住民からも感謝されるはずです。節税になり、収益による資産形成が実現するだけでなく、社会貢献にもつながる。これは「医師冥利に尽きる」土地活用と言えるのではないでしょうか。

さまざまな付加価値を生む「医療×ログハウス」の事例

何をコンセプトにするかは人それぞれですが、私の提案に「医療×ログハウス」があります。ログハウスの一般的なイメージは「木のぬくもり」であり、そこに暮らすのは「アクティブなアウトドア派」で、医療とは結び付けにくいかもしれません。でも、その意外性に意味があるのです。

イメージしてみてください。

住宅街の一角に、ログハウスが建てられたとします。まわりの家とは明らかに雰囲気が違い、そこにはどんな人が住んでいるのか。家のなかはどうなっているのか。気になるはずです。さらに「○○クリニック」の看板があれば、組み合わせの意外性から強く印象に残るのは間違いありません。

室内も、天然の木材をふんだんに使い、一歩足を踏み入れると木の香りがほのかに漂います。それだけで、リラックスできる人も多いのではないでしょうか。ログハウスのメリットはそれだけではありません。木造のため設計の自由度が増し、オーナーの思いやこだわりを最大限に反映できるのです。

クリニック、病院というと、どうしても無機質で薬品の匂いがするイメージを持ちがちですが、ログハウスには自然素材ならではのぬくもりがあり、訪れる患者さんの精神面にもいい影響を与えるはずです。

ログハウスを土地活用に生かしたいと考える医師も多く、

「将来は独立開業を考えていますが、木造のログハウスなら自由に設計できるし、木のぬくもりがある住宅兼クリニックで、落ち着いて仕事がしたい」

「ログハウスを建てて、将来、開業するまでの間は宿泊施設として運用したい。2020年に向けて外国人を積極的に受け入れるのもいいですね」

「木のぬくもりがあるクリニックなら、患者さんもリラックスして診療を受けられるでしょうし、きっとよろこばれると思います」

など、考え方は医師によってさまざま。

共通しているのは「資産形成」「医師として充実した生き方」「社会貢献」を同時に実現したいという思いです。ログハウスを舞台にして、「医師×土地活用」の実践例が増えていくと私は考えています。

ほかにも、高齢者が多い土地なら、地域の高齢者が日帰りで気軽に利用できる「デイサービス付き高齢者向け住宅」などもあるでしょう。医師であれば、家賃収入や利用料のほかに、医療サービスを提供することで医師としての報酬も得られます。これは、一般の土地オーナーにはない、医師ならではの強みです。

もし、近くに医大や病院があるなら、医大生や看護師向けの賃貸マンションをコンセプトにする手もあります。入居者を医療関係者、学生に限定することで、学生が卒業して出ていっても、その後輩が入居するなど空き室対策にもなるでしょう。定期的に情報交換会を開催したり、共有部分に専門書を貸し出すコーナーなどを設けたりすれば、近隣に賃貸マンションが多くても、きっちり差別化できるはずです。

土地活用を考えるとき、どうしても首都圏が有利と考えがちですが、医師ならではのコンセプトを明確に打ち出せれば、人口のやや少ない地方都市でも十分に収益を上げ、資産形成の手段になりうるはずです。高齢者、シングルマザーなどが暮らしやすい環境をつくることで、地域の活性化にも貢献できるでしょう。

介護・福祉系施設なら可能な収益性と社会貢献性の高さの両立

実際、地方都市にお住まいの地主医師からの相談も多く、最初は「首都圏と違ってできることが限られる」と自ら思考の幅を狭くしていることに驚かされます。一般的な土地活用の常識ならそうでも、「医師×土地」から発想すれば、まったく違う見方ができるとお伝えすると、みなさん目を輝かせます。その土地が持つ課題から、「医師として何ができるか」と考えるところから、はじめてもいいかもしれません。

医師としての強みを生かせる土地活用の具体例として、ここでは介護等の高齢者向け施設についてふれておきたいと思います。

今後、日本の社会の高齢化とともにますます需要が高まると同時に、医師としての経験、知識をフルに発揮できる領域でもあるからです。

介護・福祉系施設経験の魅力は、収益性はもちろん、社会貢献度が高く、行政の補助金も期待できること。まとまった規模の土地を、収益や節税効果を確保しながら活用できます。ただし、ひと言で介護・福祉系施設と言っても形態はさまざまで、エリアや土地に合った形態を選ばないと、供給過多に陥ったり、契約期間の途中で内容の改定を迫られたりすることもあります。

介護・福祉系施設のメリット、デメリットを改めて整理してみましょう。

大きなメリットは社会貢献性が高いことで、「病気に苦しむ多くの人を助けたい」という志を持って医師を目指した方には、特に魅力的に映るはずです。そして、一般的な賃貸住宅経営より高い収益性も期待できます。

面積の大きな土地は活用する際の投資額も大きくなるため、賃貸住宅だと需要と供給のバランスをしっかり見極めなければいけません。介護・福祉系施設はそもそもある程度の広さが必要であり、まとまった広さの土地を安定して活用できるのも魅力でしょう。

また、一般の賃貸住宅のように駅からの距離などに左右されず、施設によっては補助金や助成金が出ることも。設備補修は運営業者負担が多いため、相対的に収益性を高めやすい土地活用と言えます。

一般の活用ではデメリットでも 介護・福祉系施設なら影響は少ない

一方、デメリットはというと、まとまった広さの土地が必要で、運営を任せる事業者も必要になること。施設によっては、規制によって自由に建築できないものもあり、誰でも気軽にはじめられるとは言えません。

ほかの土地活用、例えば賃貸住宅経営などと比較した場合、投資額がかなり大きく、万が一中途解約があった場合、ほかの事業への転用は難しいというデメリットもあります。検討する際は、中途解約のリスクヘッジとして、運営業者との契約に中途解約時の条項は必ず入れる必要があります。

では、どんなタイプの方が介護・福祉系施設の土地活用に向いているのでしょうか。

前述したように、日本の社会の高齢化を考えたとき、介護・福祉系施設は最も社会貢献性の高い土地活用と言えます。つまり「世のため、人のためになる土地活用をしたい」という意識を持つ人には、うってつけの方法と言えます。

ある程度まとまった土地を活用する場合、大きな問題となるのが「需要と供給のバランス」。空室リスクをヘッジする意味で、「土地を小分けにして小さくはじめてみる」はよく聞く話です。まとまった土地を安定的に活用したいと思うなら、介護・福祉系施設は有力な選択肢になるはずです。

どんな土地活用の方法でも、アクセス性の高さと収益性は比例することが多いもの。ですが、介護・福祉系施設の場合、アクセス性よりも住環境が優先されるため、周辺に生活利便施設が整っているかどうかのほうが重要です。ある程度整っていれば、アクセス性に多少の難があっても収益性への影響はそれほど大きくありません。

介護付き有料老人ホームなど要介護度の高い人向けの施設では、地域ごとの需要が重要であり、アクセス性や住環境の優先順位を下げることもできます。つまり、アクセス性がイマイチという土地の所有者でも安心して検討できるのです。

土地活用に「高い節税効果」を期待する人にも向いています。土地活用での節税効果を狙うなら、対象になるのは「賃貸住宅経営」と「住居系の介護・福祉系施設経営」。賃貸住宅はすでに飽和状態のエリアがあるのに対して、介護・福祉系施設は足りない地域がまだまだ多いのが現状です。節税効果を高めたいなら狙い目と言えます。

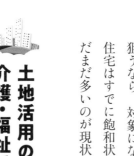

土地活用の対象となる介護・福祉系施設の種類

次に、介護・福祉系施設の種類と特徴について。

大きく分けると、地方公共団体や社会福祉法人・医療法人などでなければ運営できない公的施設と、民間でも運営可能な民間施設があります。介護・福祉系施設と聞き、多くの人が連想する「特別養護老人ホーム」「介護老人保健施設」「介護療養型医療施設」は、国が介護保険制度のもとで行うと決められているもの。つまり公的施設であり、民間では運営できません。

そもそも、介護サービスの提供は公的施設が中心でしたが、ご存じのように、それでは数が足りず、施設に入りたくても入れない「介護難民」が全国に多くいます。こうした状況を打開するために、国は民間施設によるサービス拡大を目指しており、そうした施設には税金面の優遇、補助金の交付等の政策を次々に実行しています。

では、土地活用の対象となる民間施設を挙げてみます。

○介護付き有料老人ホーム

入浴・排泄・食事等の介護、そのほかの日常生活上、療養上の世話、機能訓練をするための住居施設。人員規模や設備・運営基準等の必要条件を満たし、各自治体から介護保険の「特定施設入居者生活介護」の指定を受けた施設を指しています。

○住宅型有料老人ホーム

食事サービスと緊急時の対応など、高齢者が安心に暮らすための日常生活支援が基本となる施設。介護付き有料老人ホームのように介護スタッフは常駐せず、必要な場合には外部の訪問介護サービスを利用することになります。

○健康型有料老人ホーム

介護の必要はないものの、「家事が面倒」「同世代の人とのコミュニティのなかで暮らしたい」「一人暮らしを遠方の子どもたちが心配している」など、さまざまな理由で高齢者が集まって生活をする施設。介護の機能はないため、必要になった場合は介護付き有料老人ホームに移ることになります。

○通所介護（デイサービス）

在宅介護を受けている高齢者が、日帰りで介護サービスを受けられる施設。食事や入浴の支援、生活機能向上のための機能訓練などを提供します。施設での高齢者同士の交流もあり、自宅からの送迎を行うのが基本。現在、要支援・要介護認定を受けている高齢者のうち、約8割が在宅で介護を受けている状況であり、高齢化社会を支える重要なサービスと言えます。

○短期入所生活介護（ショートステイ）

在宅介護を受けている高齢者が、最大連続30日間だけ入所でき、介護サービスを受けられる施設。「利用者の病状が悪い場合」「家族（介護者）が疾病、冠婚葬祭、出張などの理由で一時的に介護施設を利用したい場合」「家族（介護者）の身体的・精神的負担を軽減したい場合」などが対象になります。

ショートステイ専門の施設として開設するほか、介護付き有料老人ホームなどが、一部の部屋をショートステイ用として受け入れる場合もあります。

○小規模多機能型居宅介護

在宅介護を受けている高齢者に対して、訪問介護、デイサービス、ショートステイを組み合わせた、さまざまな介護サービスを提供する施設。利用者が可能な限り自立した生活を送れるよう、施設への「通い」を中心として、短期間の宿泊、自宅への訪問を組み合わせた支援、機能訓練を行います。

○認知症対応型共同生活介護（グループホーム）

認知症の高齢者が、1ユニット5～9人までの少人数で共同生活をし、スタッフによる食事や入浴などの生活支援、機能訓練、レクリエーションなど専門的なケアを行う施設。

もう一つ、「サービス付き高齢者向け住宅（サ高住）」がありますが、これは国や自治体の補助と深くかかわるため、次章で詳しく説明したいと思います。

「総量規制」のハードルは高いけれど、実現すればメリットが大きい

このように介護・福祉系施設にはさまざまな種類があり、現在の介護保険制度では、利用者は保険利用により、要介護状態に合わせたサービスを受けることができ、本人負担は

基本的には1割に抑えられています。逆に言えば、9割は自治体が負担しており、高齢化による負担増が自治体の財政難の大きな要因となっています。

そこで、介護保険の利用ができる施設では、利用者が増えるごとに自治体が事業者に支払う介護報酬が増えるため、建築規制が設けられています。これが「総量規制」で、対象となる場合は自由に施設を建設できません。

ここまで挙げてきた形態で対象となる民間施設は、

○介護付き有料老人ホーム
○通所介護（デイサービス）
○小規模多機能型居宅介護
○認知症対応型共同生活介護（グループホーム）

対象施設は自由に運営ができないため、「難しい」「土地活用には向かない」という印象を受けがちです。ですが、建ててしまえば、将来にわたって同様の施設が近隣に建てられる可能性は低いとも言えます。自治体に守られた施設でもあるのです。

運営する事業者からも、介護保険が利用できる＝自己負担が少ないため入所者を募りやすい、入所者の要介護状態に合わせて、定額の介護報酬を受け取れるなど、メリットは大きい。事業収支や計画が立てやすく、土地のオーナーに支払う賃料を高く固定するのも可能になります。

正直、実現するまでのハードルは高いと言えますが、これらのメリットを考えると、所有する土地で特定施設の運営が可能か、調べてみる価値はあります。

「医師×土地活用」の成果を最大化するには、「医師だからこそ」を起点にした「コンセプト」が大切だと述べてきました。そのコンセプトを固めるために、この介護・福祉系施設は大きなヒントになるはずです。

法人化は収支が黒字化してから急ぐと節税効果が低くなることも

介護・福祉系施設を含め、ある程度まとまった広さの土地を活用する場合、法人化を検討する方も大勢います。名刺に「代表取締役」とあるのは、確かに気分がいいかもしれません。しかも、税金面でもメリットがあり、個人の所得税・住民税を合わせた税率よりも、法人の税率のほうが低くなります。クルマの購入費や接待交際費も経費として認められるため、節税の効果も大きいのです。

ですが、私は法人化を急ぐよりも、「タイミングを見極めるべきだ」とお伝えするようにしています。

その理由は、まず融資。例えば、最初の物件を建設・購入する前に法人化すると、法人としての実績はゼロなので、金融機関の融資の審査が通りにくくなります。法人化して2、3年で黒字化しないと、審査を通すのは難しくなります。

また、法人化すると、収益に対する税金が所得税ではなく法人税となるため、医師としての給与所得と合算できなくなってしまいます。専業にするならいいのですが、医師を続けながら活用する場合、節税の効果がなくなってしまいます。つまり、法人化するベストのタイミングは「収益が黒字化してから」。

土地を活用した不動産投資は、家賃収入がローンの返済も含めて支出より多くなり、黒字にならなければ意味がありません。黒字になった時点で、給与所得との合算はできなくなるため、ここが法人化のタイミングと言えるでしょう。

ただ、税制上の細かな控除、補助金などがあるため、何がベストかはケースによって変わります。事業パートナーや税理士と相談することをおすすめします。

医師として働くなら
土地活用は何歳からでも遅くない

ひと言で土地活用と言っても、それぞれの医師の置かれている立場で選択肢は変わるため、この章の最後に、状況別の考え方を簡単にまとめておこうと思います。

私の経験上、すでにご自身で開業されている方と、親から土地を含めて継承した方では視点が異なります。自分で開業されている方の場合、守りよりも攻め。土地活用によって

「どれだけの副収入を得るか」のプライオリティが高く、それに続くのがプライベートの充実。

一方、親から相続した土地があり、自分はまだ勤務医として働いている方の場合は、攻めよりも守りのメンタリティが強いようです。収益よりも、当面、土地があることで損をしないような節税対策が最初に挙がります。

そういう方の場合も、「節税だけではもったいない」というのが私の基本的なスタンスです。ここまで記してきたように、医師としての強みを生かせば、「医師×土地」で、節税だけでなく収益も期待できる活用が可能なのですから、その方向で考えてみてはどうか、とお伝えしています。

世代別の差もあります。

●20代、30代

独身も多く、とりあえず節税目的で土地活用を考える方が多いようです。将来に対する不安はあるけれど、活用によって損をしたくないという意識も強く、アクティブに動くよりも節税のほうが安心、というメンタリティです。

●40代

結婚して子どもがいる方も多いので、「家族のために今できることは何か」を検討する方が増えます。また医師としてのキャリアにおいて、開業も具体的な目標となるため、ベクトルは、節税よりも資産形成。リスクを最小限に抑えながら、着実に資産を増やしたいという相談が多くなります。

●50代以上

子どもたちは自立しているケースも目立ち、となると「自分の老後」に意識が向くようです。ある程度のリスクは承知したうえで、あまり長期ではなく、できれば数年以内で結果を出したいという方が多くなります。

同じ医師でも、世代によって土地活用の考え方は変わりますが、医療を取り巻く社会環境が大きく影響していると思います。

20代、30代の若い医師の場合、世間で思われているほど高収入ではなく、診療報酬の引き下げなどもあって、将来に対する漠然とした不安をよく聞きます。リスクを取って活用するよりも、節税で将来に備えたいというメンタリティになっても仕方ないと思います。でも、ゆくゆくは自分で開業したいと思っている方。親や親族が所有するクリニックを相続する方は、若いときから目標を明確に設定して、計画的に資産形成を進めたほうが有利です。いざそのときが来て、あわてて銀行から融資を受けるよりも、自己資金をある程度用意しておいたほうが、早く黒字化できるし、法人化による節税も可能になるからです。

50代以上の医師の場合、30代のころに今のような激務は経験しておらず、診療報酬の改定もなかったため、「このままで大丈夫だろう」と、のんびり構えていた方が多いようでした。ひと昔前、医師の社会的なステータスは今よりも高く、診療に限らず「先生が言うことなら間違いない」と、尊敬される対象でした。

今は、医師の言葉を疑ってかかるのが当然のようになっています。病院が医療ミスを起こせば、別の病院の医師も「あの病院の医者は……」と見られることもあります。内科の医師には「私たちはメスを使わないから、医療ミスとはあまり関係ない」とおっしゃる方もいます。ですが、診察時の患者さんとのやりとりでも、以前では考えられないようなクレームを受けることもあるでしょう。

言葉遣いを少し間違えただけで、「モラルハラスメント」として訴えられることもあり、女性の場合、触診の仕方によっては「セクシャルハラスメント」と受け止める人もいます。医師をめぐる状況は、年々厳しくなっているようにも感じます。

だからこそ、自分が望むキャリアを築くために、元手となる資産が必要なのです。

20代、30代なら、長期スパンで資産形成のプランを練ることができますが、50代以降でも決して遅くはありません。それぞれの医師の置かれている状況に合わせて、最適の資産形成の方法は必ずあるからです。

「損するのは嫌だ」「50歳を過ぎたし、できることはないだろう」と決めつけるのではなく、まずは一度、土地活用について相談してみることをおすすめします。

その際のキーワードは「医師×土地活用」。これを忘れないでください。

第4章

土地活用で見えてくる医師の豊かなライフプラン

税理士も万能ではなく土地活用の得意、不得意がある

私のところに相談に来る前は、「土地活用を誰に相談していたのですか?」と地主医師のみなさんにたずねたことがあります。多かった答えは「税理士」。ですが、税理士に土地活用を相談して、「資産形成に成功した」という話はほとんど聞きませんでした。

確定申告の際にお世話になる税理士は、いわゆる「士業」のなかで最も身近な存在かもしれません。相談する機会が多くなるのも納得できますが、ひと言で税理士と言っても得意分野はそれぞれ異なります。

税務のプロフェッショナルであるのは同じとしても、どんな業種の企業を担当してきたのかという傾向。節税に強い、相続・事業承継対策に強い、金融機関からの借り入れに強いなど、経歴や本人の関心によって得意分野が変わるのは当然でしょう。もちろん、不動産投資に強い税理士もいます。

では土地活用や不動産投資のどんな局面で、税理士の力が必要になるのでしょうか。

○**確定申告**　家賃収入や売却益など、不動産投資で収益を得たら納税義務が発生します。経費と認められるものをどれだけ確定申告に組み込めるかで納税額は変わりますが、そこに税理士のアドバイスは欠かせません。

○**相続税対策**　不動産投資は不動産の所有を伴うため、資産額が相続税の対象となった場合、国が課税強化の方向に進んでいるところもあり、以前より多くの方が相続税対策を考えています。需要が高まり、ここを専門とする税理士も増えているようです。税率が高く資産額も大きいため、どんな対策を行うかで結果に明白な差が出ることも珍しくありません。後悔しないためにも税理士の経験と知識を役立てるべきです。

○**節税**　ルールの範囲内で納税額を抑えるのが節税で、不動産投資に関しても多くのノウハウがあります。資産管理会社を設立することで得られるメリットや、相続時精算課税制度を利用する方法は、制度そのものが複雑なため専門の知識が必要になります。

○消費税還付　仕入れに当たる収益物件の購入には消費税がかかります（売り主が消費税課税業者の場合）。売り上げが住宅の家賃収入（消費税非課税売り上げ）だけの不動産投資家は非課税業者ですが、課税売り上げが1000万円を超える場合は課税業者に。受け取り消費税が支払い消費税を超えると消費税の還付を受けられます。収益物件の購入にかかる消費税となると金額が大きいため、消費税還付だけでもかなりの節税効果があり、投資家の多くが税理士に相談しています。

以上の4つは、不動産投資に強い税理士であれば日常的に業務として行っているはずです。さらに一歩進み、不動産投資そのものの豊富な知識やノウハウを持ち、具体的な投資コンサルティングを行う税理士もいます。

税務とは直接関係のない資金調達、キャッシュフローの計算などでもアドバイスを得られるため、土地活用や不動産投資を行うなら、こうした税理士に依頼することを検討してもいいでしょう。

では、どこをチェックすれば不動産投資に強い税理士を見分けられるのでしょうか。

高齢化という社会課題は医師の土地活用にとってのチャンス

ポイントを簡単にまとめると、まず「資産税に詳しい」が挙げられます。不動産投資にかかわる税金のなかで、資産税のジャンルは不動産投資ならではのもの。相続税、贈与税、固定資産税、都市計画税などの総称が資産税で、ここに強い、経験豊富かどうかは、土地活用や不動産投資の味方になってくれるかどうかを判別する、重要なポイントです。

不動産投資に強い税理士には、知識をもとに自分で実際に投資を行っている人もいます。投資が上手くいっているなら、税務面だけでなく実践的なアドバイスも得られるはずなので、ここもチェックすべきでしょう。

また、若い世代の税理士はもちろん、最近はベテランでもインターネットを使って情報発信をする人が増えています。個人のブランディングの意味も込めてですが、日々の業務内容の報告をブログ、ＳＮＳで発信している税理士なら、得意な業務の傾向などを事前に把握できると思います。

不動産投資に詳しい税理士のなかでも、医師に向けて、本当に実践的なアドバイスができる人は、かなり珍しいと言えるかもしれません。というのも、税制だけでなく医療制度の改革も毎年のようにあるため、改革の全体像と医師個人のキャリアを照らし合わせ、最適解を導くのはなかなか難しいからです。補助金の種類も豊富で、これを把握しているのとしていないのとでは、提案の質に大きな差が出てきます。

提案の質。それが前章でふれた「コンセプト」です。

人口が多い地域の土地、物件を購入するのは不動産投資のセオリーの一つで、業者のほとんどは「立地条件＋利回り」を売り文句にしています。ですが、人口減少期に入った日本で、今後も立地条件＋利回りだけで黒字経営をするのは、想像以上に難しいはずです。この2つの条件に加えて、周辺の物件とどう差別化できるかが重要になります。

私が提案するのは、ここまで繰り返し強調してきたように「医師ならではの強み」を生かしたコンセプト。医師の知識、経験、キャリア、そして人脈のネットワークを生かせば、賃貸物件とクリニックの併設など、さまざまな業態の施設を開業するのも可能になる。これも前章でふれました。

ここでは、社会情勢に最もマッチした「医師×土地活用」の事例の一つとして、サービス付き高齢者向け住宅、いわゆる「サ高住」にふれながら、土地活用に失敗する医師と成功する医師のタイプ別の特徴。そして、医師が土地活用を進める際に必要な、パートナー選びのポイントなどをまとめていこうと思います。

日本社会の高齢化は、さまざまな場面で語られています。

内閣府の「平成30年版　高齢社会白書」をみると、平成29年10月1日現在、日本の総人口は約1億2671万人。65歳以上の人口は約3515万人で、総人口に占める割合は27・7%ですが、今後、この数字は増え続けると予測されています。

65歳以上の高齢者がいる世帯は、平成28年現在で約2416万5000世帯であり、全世帯の約半分、48・4%となっています。また、65歳以上の一人暮らしも増加傾向にあり、昭和55年には男性約19万人、女性約69万人でしたが、平成27年には男性約192万人、女性約400万人。この数字もこれから増えていくはずです。

住まいという視点からみると、高齢者のいる世帯の多くは持ち家ですが、バリアフリー化は進んでいないようです。となると、高齢者が利用できる施設の数が重要になりますが、特別養護老人ホームの入居待ちは36万人超。自宅でストレスなく暮らせる状況にあるとは言えず、施設不足も明らかなのですが、国は多額の財政赤字を抱える一方、人口減によって税収の増加も望めないため、簡単に増設できる状況にないのが現状です。

そこで、高齢者のケアを病院から在宅へとシフトさせる目標を掲げ、その一環として創設されたのが「サービス付き高齢者向け住宅（サ高住）」です。病院を退院した後の受け皿としても有効なため、地主医師がオーナーとなるのが理想とも言えます。

建物に対してだけでなく、高齢者の生活支援にもさまざまな優遇措置が設けられています。一般の賃貸住宅の収益は「家賃」ですが、サ高住なら3つの収益源をプラスすることも可能。それが「診療報酬」「介護報酬」「生活支援サービスの対価」です。医師がオーナーとなって運営すれば、これらをインカムゲインとして得られるのですから、たんに賃貸住宅に投資するよりも資産形成という面で有利になります。

介護報酬は、サ高住の事業者が、要介護者または要支援者にサービスを提供した際、対価として支払われる報酬のこと。これは3年ごとに見直され、事業者がサービスを提供した場合の対価は、利用者が１割、保険者（市町村）が９割の負担となっています（一定以上の収入がある利用者は２割負担）。

国が進める医療制度改革を土地活用の視点からチェック

平成30年度の介護報酬改定では、団塊の世代が75歳以上となる２０２５年に向け、一人ひとりの状態に応じた、適切なサービスを受けられる環境づくりが大きなテーマでした。要点は次の４つに集約されています。

○地域包括ケアシステムの推進

中重度の要介護者を含め、どこに住んでいても、適切な医療・介護サービスを切れ目なく受けられる体制を整備するのが狙い。「中重度の在宅要介護者や、居住系サービス利用者、特別養護老人ホーム入所者の医療ニーズへの対応」「医療・介護の役割分担と連携の一層の推進」「医療と介護の複合的ニーズに対応する介護医療院の創設」「ケアマネジメントの質の向上と公正中立性の確保」などが主な内容です。

○自立支援・重度化防止に資する質の高い介護サービスの実現

介護保険の理念や目的を踏まえ、安心・安全、さらに自立支援・重度化防止につながる高い介護サービスの実現を目指しています。「リハビリテーションに関する医師の関与の強化」「外部のリハビリ専門職等との連携の推進を含む訪問介護等の自立支援・重度化防止の推進」「通所介護における心身機能の維持に係るアウトカム評価の導入」などが主な内容です。

○多様な人材の確保と生産性の向上

人材の有効活用・機能分化、ロボット技術等を用いた負担軽減、各種基準の緩和等を通じた効率化を推進。「生活援助の担い手の拡大」「介護ロボットの活用の促進」「定期巡回型サービスのオペレーターの専任要件の緩和」「ＩＣＴを活用したリハビリテーション会議への参加」「地域密着型サービスの運営推進会議等の開催方法・開催頻度の見直し」などが主な内容です。

○介護サービスの適正化・重点化を図ることにより、制度の安定性・持続可能性を確保

適正化と重点化を図ることにより、制度の安定性と持続可能性を確保することが狙いです。「福祉用具貸与の価格の上限設定等」「集合住宅居住者への訪問介護等に関する減算及び区分支給限度基準額の計算方法の見直し等」「サービス提供内容を踏まえた訪問看護の報酬体系の見直し」「通所介護の基本報酬のサービス提供時間区分の見直し等」「長時間の通所リハビリの基本報酬の見直し」などが主な内容。

報酬体系は細かく見直され、「訪問看護」「認知症対応型共同生活介護」「特定施設入居者生活介護」「居宅介護支援」「介護老人福祉施設」など、多くの項目で新たな事項が設けられ、改定率は「＋０・５４％」となっています。事業者となった場合、より多くの収入を得られるわけです。

高齢化が進む日本では、高齢者が認知症や慢性疾患になっても、入院ではなく地域で暮らせる仕組みづくりが不可欠とされています。それには、地域に建てられる施設と、医師や介護福祉士など専門職とのスムーズな連携が不可欠になります。この課題がクリアされれば、入院した高齢者が退院し、住み慣れた自宅で生活する流れが構築できるはずです。

高齢者向け住宅では、入院、退院、在宅医療など、利用者の状況が変わっても、一人ひとりに寄り添ったサービスを提供することが求められます。24時間対応の定期巡回、炊事対応サービスなども必要ですが、実現にはもちろん、介護する側と看護する側、そして地域医療機関との連携が欠かせません。一般的には難しいとしても、医師がサ高住のオーナーとなり、さらにデイサービスなどの介護施設を併設すれば可能だと思います。

介護を行う人材、サービスの質が問われており、介護福祉士や一定の訓練を受けた現場経験のある介護職員は、医師法で医師と看護師以外はできなかった処置も行えるようになっています。例えば、

- **たんの吸引（口腔内、鼻腔内、気管カニューレ内部）**
- **経管栄養（胃ろう、腸ろう、経鼻経管栄養）**

以前、介護職員によるたんの吸引などは、緊急措置として一定の要件のもとで行われて

いましたが、今は安定的に行われています。もちろん、こうした行為は命にかかわるため、許可される介護福祉士などには一定の制限が設けられ、教育の義務付けがされています。

国がサ高住に求める基準は医師がかかわればスムーズにクリアできる

厚生労働省は、サ高住などの施設に関して、医療関係者との連携により次のような体制づくりを求めています。

- **状態が急変した場合の医師等への連絡体制の整備等、緊急時に適切に対処できる体制を確保する。**
- **サービスの対象者の状況に応じて、医師の指示をふまえた喀たん吸引などの実施内容等を記載した計画書を作成する。**
- **喀たん吸引などの実施状況を記載した報告書を作成し、医師に提出する。**

・サービスの対象者の心身の状況に関する情報を共有するなど、介護職員と医師、看護職員との連携確保と、適切な役割分担を構築する。
・喀たん吸引などの実施に際して、医師の文書による指示を受けること。
・施設内連携体制の下、業務の手配順を記載した業務方法書の作成。
・医療関係者を含む委員会の設置と、その他安全確保のための体制の確保（ヒヤリ・ハット事例の蓄積、分析体制を含む）。

医療行為の必要がある際は医師の指示に従うこと。医療関係者を含めた委員会の設置など、医師と施設の密接な連携が求められていることがわかります。もし、事業の運営者が医師であれば、こうした要求にはスムーズに応えられるはずです。

安心・安全なサービスを提供するため、サ高住の運営にさまざまな条件が付くのは間違いありません。その一方、国はサ高住の建設・改修には手厚いバックアップ体制、具体的には補助金制度を設けています。

主な補助率をまとめてみます。

- **新築の場合、工事費の10分の1**
- **改修の場合、工事費の3分の1**
- **デイサービスや診療所など、住宅部分ではない高齢者生活支援施設の合築・併設工事には10分の1（上限1000万円／施設）**
- **改修には3分の1（上限1000万円／施設）**

それぞれの金額に応じた補助金が給付されます。土地活用の選択肢として、サ高住はハードルが高いと思われるかもしれませんが、こうした補助金の存在を知れば少し安心できるのではないでしょうか。

さらに税制面での優遇も受けられます。

- **所得税、法人税の5年間割増償却40％**
- **固定資産税5年間税額を3分の2に軽減**
- **不動産取得税（家屋）が課税標準から1200万円控除／戸**

・不動産取得税（土地）が、家屋の床面積の2倍に当たる土地面積相当分の価額等を減額

取得の際の控除はもちろんですが、5年間、所得税・法人税・固定資産税が軽減されるのは、運営が軌道に乗るまでの期間と考えれば非常に意味のある制度です。

これだけでなく、国はサ高住の建設に対して、住宅金融支援機構の長期固定金利の融資が受けられるなど多くの支援策を設けています。

医療・健康サービス付きの施設に対するニーズは、高齢化や核家族化の進展をふまえれば、今後増えることはあっても減ることはないと考えられます。社会から必要とされている施設であり、医師だからこそ実現できるサービスでもあります。

「医師×土地活用」で、不動産の持つ潜在的な価値を最大化させながら、周辺物件との差別化を図り、安定した収益をもたらしてくれるでしょう。資産形成という面で非常に魅力的であると同時に、社会貢献にもストレートにつながるため、興味を示す地主医師も増えていくと思います。

前章でふれた介護・福祉系の施設、そしてサ高住を含めて、医師であれば事業の選択肢

は無数にある。今は勤務医でも、将来は事業として展開したいと考えるのであれば、医療法人の設立も頭に入れておいたほうがいいと思います。

税理士を頼るのではなく資産形成のプロに依頼すべし

保険証が使える保険医療機関であれば、個人クリニックでも「みなし介護保険事業者」として、居宅療養管理指導、訪問看護、訪問リハビリテーション、通所リハビリテーションなどをサービスとして提供できます（いずれも介護予防含む）。将来、本格的な介護保険事業者である介護老人保健施設、訪問看護ステーション、デイサービスなどの指定事業者になるには法人格が必要になります。

今はまだピンと来ないかもしれませんが、税制上、また将来子どもに事業をゆずる際も、医療法人であると何かと有利です。

個人の所得税・住民税を合わせた最高税率は55％ですが、資本金1億円超の法人の場合は23・2％。資本金1億円以下の場合、年800万円以下の所得金額については19％と、税率はさらに低く設定されます。

個人クリニックの場合、収入を経費として計上はできませんが、医療法人なら自分を理事長、家族や親族を理事として報酬を経費として計上することも可能。さらに、自動車の購入費や接待交際費など、個人経営よりも経費の幅が広がります。

法人化すると勤務医の給与と家賃収入を損益通算できなくなるとしても、別の節税が可能になるわけです。ただ勤務医、特に公的医療機関に勤めている場合、法人の役員や理事になることはできません。まだ退職は先と考える医師には、妻や親など、生計を同一にする家族になってもらうケースが多いようです。

将来の相続に関してですが、医療法人としてのクリニックや病院は、経営者が代わっても相続税の課税対象にはなりません。相続税の税率は最高55％（法定相続分に応ずる取得金額6億円超）。つまり、6億円なら2億5800万円です。

個人経営のまま、将来、子どもにゆずろうとすると、相続税が大きな負担になることも十分にありえます。愛する家族のためにも、どこかの時点での法人化を検討すべきではないでしょうか。

土地活用、不動産投資の相談を税理士にしていた医師に、こうしたお話しをすると、驚かれる方が大勢います。税理士の場合、確定申告がメインの業務であり、節税に関しては相応の知識を持っているでしょう。ですが、医療制度や日本の社会の今後にまで射程を広げた、ダイナミックな資産形成のプランニングはできないと思います。

そこに気付くかどうかが、「医師×土地活用」で大きな資産を手にして、医師としてのキャリア、そしてプライベートを充実させるポイントの一つかもしれません。

身に覚えはありませんか？　土地活用で失敗する医師のタイプ

ここで、医師の土地活用の失敗例をいくつかまとめてみようと思います。将来に対する不安、相続税対策などから、土地活用を行う医師は少なくありませんが、なかには、本書を手にしているみなさんも陥りがちな典型的な失敗事例もあります。そうした事例を反面教師に、「失敗しないためのポイント」を抽出してみましょう。

土地活用で最も多いのはアパート・マンションなどの賃貸住宅経営。ここで失敗しがちなのは、「業者にすべて任せてしまうタイプ」です。日々、忙しく働いている医師の場合、ある程度は業者に任せるのは仕方ありません。それでも、契約の内容くらいは細かくチェックしておかないと、後で思わぬ事態に巻き込まれることもあります。

A医師は都内の大学病院に勤務していますが、地方に、親族から相続した土地がありま す。土地をそのままにしていたら高額な固定資産税が課せられるため、どうにか活用できないかと考えていたところ、その土地の近くに事務所を構える不動産会社から「賃貸マンション経営」をすすめられたそうです。

A医師には土地勘がなく、そもそも交通の便がいいところではないので不安に思いましたが、「一括借り上げ」にひかれてマンション経営を決断しました。

一括借り上げとは、いわゆる「転貸」のことで、オーナーから不動産会社が物件を借り上げ、入居者やテナントに貸し出します。オーナーは、入居者の募集から始まる物件のさまざまな管理から解放されるため、忙しいA医師は飛びついたのです。特に魅力的だったのは賃料保証。空室があったり、家賃の未払いがあったりしても、オーナーは一定の賃料収入を確保できるため、医師の土地活用には最適に思えたのも無理はありません。

ただ、契約内容は管理会社によって異なり、一括借り上げも、全期間にわたって、はじめに設定された借り上げ賃料が固定されるわけではありません。賃料保証の額は建物の老朽化とともに下がるのが一般的です。

A医師は管理会社にすべて任せきりで、忙しいのを言い訳にして、契約内容をチェックしていませんでした。数年後、建物の老朽化を理由に家賃の値下げを求められます。納得できないため管理会社を代えようとしましたが、オーナー側からの途中解約については、違約金の支払いを求められるケースがほとんどです。

結局、管理会社の言うように家賃を下げましたが、同時に賃料保証の額も下がり、ローンの支払いさえ苦しくなってしまったと言います。管理会社も商売ですから、自分が損をする契約はしません。それを頭に置き、忙しいからといって「丸投げ」してしまうと、こうした事態に陥りかねないのです。

積極的な資産形成ではなく、「何もしないよりはいいかも」という消極的なスタンスで、土地活用を行う方が選びがちなのが駐車場経営。初期投資が少なく済み、立地さえ間違えなければ、ある程度持続的に収益が見込めるため、活用の仕方によっては有効な資産形成の手段になりえます。

B医師も、特に深く考えずに駐車場経営を行い、比較的恵まれた立地だったため、当初は順調に収益を上げていました。ところが、近くにある生産緑地の指定が解除された土地が売りに出され、コインパーキングの全国展開をする大手企業がその土地を購入。いきなり、ライバルとの競争にさらされます。

大手企業の作戦は「兵糧攻め」。B医師の駐車場よりも安い料金を設定し、利用者を奪う作戦に出ます。B医師も対抗して料金を下げますが、価格競争になったら大手にはかないません。稼働率はどんどん落ち、収入も減り、ストレスから体調を崩してしまったと言います。近くに生産緑地があり、そこが売りに出されるかもという情報をつかむことができれば、こうした事態は避けられたかもしれません。

これは「情報収集力の不足」が招いた失敗とも言えるでしょう。

別の医師のケースですが、相続した親の実家がそのまま放置されており、近隣からクレームが来たため、仕方なく駐車場経営をはじめました。上がった収益で固定資産税を払えばいいと、安易に考えていたのですが、家を取り壊して駐車場にしたため固定資産税が6倍に。駐車場経営は赤字となり、撤退したそうです。これは、税金に対する「基本的な理解不足」が原因の失敗です。

相続税は土地活用の「失敗の温床」とも呼べるほどで、私もいろんなケースを見聞きしてきました。典型的なものは次の3つです。

・生前贈与に関するトラブル

生前贈与は「1年間に受け取る財産の合計が110万円以下」であれば贈与税はかかりません。ただ贈与は、贈与する側と贈与される側、双方の意思が伴っていなければいけません。C医師には、子どものころに親が「将来のために」と開設していた口座があり、そこに相当な額のお金が振り込まれていました。

親の死後、はじめてその口座の存在を知ったのですが、子どもが実際に管理している口座でなければ贈与とはみなされません。親の財産を現金で相続したことになり、全額が相続税の課税対象になってしまったと言います。

また、土地を贈与する場合、相手が一人ならいいのですが、複数の場合は問題が起こりがち。売却するにしても建物を建てるにしても、贈与を受けた人の間で意見が分かれてしまったら、資産形成どころの話ではありません。

・相続税の金額を確認しない

相続税がごく少額にもかかわらず、高額な相続税がかかると思い込んで生前贈与に励み、余計な税金や税理士への支払いによって損をしてしまうケースも。

不動産の所有権移転にかかる不動産取得税は、相続なら非課税。ところが、生前贈与をしてしまうとそこに税金がかかります。本当に相続税がかかるのか、実際はどれくらいの金額なのかを確認したうえで、節税対策は考えなくてはいけません。

・2次相続での失敗

父親が亡くなって相続が発生すると、配偶者である母親が相続人の場合、1億6000万円までは課税の対象にはなりません。そのため、母親（父親の配偶者）にすべて相続させるのは、よくあるケースです。

しかし、母親が亡くなって子どもが相続すると、もちろん通常の相続税がかかります。相続税には基礎控除があり、どんな資産を持っているか、子どもの数や同居の有無によって額は変わります。重要なのは1次、2次の相続まで含めて対策を考えること。トータルで支払う税金を考えた場合、数千万円の節税になるケースもあるので、目先の税額にとらわれずに長いスパンで考える必要もあります。

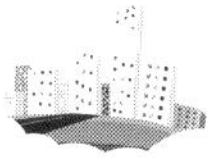

典型的な「損するドクター」でも資産10億円を築くのは可能

土地活用にはいろんなハードルがあり、「自分には難しいかもしれない」と感じる方がいるかもしれません。ハードルがあるのは事実。ですが、一歩踏み出さない限り、未来を切り拓くことはできないのです。お付き合いのある医師には、年収３０００万円どころか５０００万円を超える開業医もいますが、みなさん、最初から成功の軌道に乗っていたわけではありません。

形成外科病院の勤務医だったＤ医師は、午前の診察が長引き、毎日、昼食はサンドイッチを詰め込むだけ、という生活を続けていました。午後の診察を終えて医局に戻ると、廊下には製薬会社のＭＲ（医薬情報担当者）が待っています。カルテやカンファレンスの時間ですが、訪ねて来た彼らの話を聞かないわけにもいきません。

ようやくカルテ、カンファレンスを終えると深夜になっているのが常で、帰りのタクシーでコンビニのおにぎりを食べるのが日課のようになっていました。週に2回は当直があり、当直明けは１日勤務。そんな生活が長く続き、医師になってからの10年間で20キロも太ったそうです。

我慢して勤務医を続けたものの、30代半ばで美容整形外科医になる道を選択。国によってさまざまな規制が設けられている保険診療分野ではなく、自由診療分野に転科しました。

大手の美容整形クリニックでノウハウを吸収し、2年後に独立。美容整形は広告による集客効果が高い分野のため、初年度から雑誌やインターネットを使って積極的に広告を打ち、事業は間もなく軌道に乗ります。

開業2年目で年収は3000万円を超え、優秀な医師を雇うことにも成功したため、今では自分でメスを持たなくても安定した収入を得ています。それでも、D医師は毎日、クリニックで患者さんに向き合っているそうです。

勤務医時代は、ただその日の仕事をこなすだけで精いっぱいでしたが、今は心にゆとりができているので、「患者さんのよろこぶ顔が見たい」。純粋に、そんな思いを胸に仕事を楽しめていると言います。

仕事に追われることなく、自分の時間をしっかり確保できているため、プライベートも充実しています。ワインが好きで、年に一度はヨーロッパのワイナリーを訪ね、お気に入りをまとめ買いすることも。休日はサーフィン。クルマも大好きで、通勤用から趣味のスポーツカーまで何台も所有しています。

現在は2つのクリニックを経営し、年収は美容整形だけでも5000万円以上。そのほかの事業収入も含めると軽く1億円を超えています。資産総額は不動産を含めて10億円を超え、まさに典型的な「得するドクター」と言えるはずです。

D医師の事例は、ほかの医師にとっては夢物語なのでしょうか。

私はそうは思いません。D医師も、以前は勤務医としての激務を経験しており、何もしなければ状況はずっと変わらなかったかもしれません。一歩踏み出す勇気と、信頼できる資産形成のパートナーがいれば、誰でも道は切り拓けるのです。

私が代表を務めるトライブホールディングスは、医師に特化した資産形成のサポートをメインの業務にしています。提案だけで終わらず、ライフプランの実現まで支援する、コンサルティングを行う会社です。

ただ、はじめから医師に特化していたわけではなく、起業当初は、一般的な不動産投資コンサルティング会社と同様の営業活動を行っていました。

医師を「人」として見た経験がサービスを医師に特化するきっかけに

転機は、知り合いの経営者からの紹介で、沖縄県の大型クリニックの理事長と出会ったこと。そのクリニックは、事業としてはまわっていたものの、経営状態は悪く、そこに課題をお持ちでした。結果的に2年以上を費やす、まさに社運をかけた大プロジェクトになりましたが、定期的に行っていた経営コンサルティングが、後に、弊社が医師に特化するきっかけになります。

このプロジェクトを通じて、職員の一人ひとりからじっくりお話を聞く機会がありました。私にとって、大勢の医師と長い時間をかけて話し合うのは初めての体験でしたが、そこで気付いたのは、医師も「先生」である前に、一人の「人間」であること。当たり前の話ですが、それまで「先生」としか見ていなかった私には大きな発見だったのです。

医師という「人」とお付き合いするなかで、高い社会（地域）貢献を果たす役割を求められているのに対して、あまりにも「報われていない」という思いが強くなります。

医師になるまで、高い志と相当な努力が必要だったに違いありません。しかし、医師の方々の私生活や資産状況を知って驚きました。満足に睡眠を取れないほど忙しく働いていながら、仕事としている医療行為にはさまざまなリスクもあります。しかも、診療報酬が減額傾向にある日本では、病院1ヵ所での報酬では高額とは言えず、人間関係が複雑な環境で、心身ともに疲弊している医師が大勢いました。

話を聞くうちに「こんなにもコンサルティングの必要性がある〝人〟はほかにいない」という思いにいたります。そして「医師も」コンサルティングをする企業という中途半端な立ち位置ではなく、「医師だけ」のコンサルティングをする企業になる。そう決めたのです。

医師専門の強みは「医師それぞれの思いや強みを最大限に生かす提案を、会社としてできること」です。前述したログハウスの複合医療・福祉交流施設は、最もわかりやすい事例だと思います。

「高齢者や障害者が気軽に集い、活躍できる交流の拠点をつくりたい」

これがオーナーとなった医師の夢でした。その夢を実現し、生涯をかけて地域に貢献するために、「不動産の力でできること」を提案するのが弊社のスタンスです。

医師の開業支援を行う会社はたくさんありますが、弊社は医師を顧客ではなく「一人ひとりがビジネスパートナー」に近い存在だと考えています。開業支援で対価を得るだけでなく、地域貢献、社会福祉問題解決など、弊社が企業として掲げる志を実現するには医師の協力が必要だからです。

ビジネスパートナーとして、一緒に新しい社会をつくりたい。医師の方々の思い、志、経験、知識と、私たちの経験、ノウハウを組み合わせた「医師×土地活用」で、これまでにない価値を創造できると確信しています。

土地活用を進める際の具体的なフローと注意ポイント

では、医師の土地活用を進める場合、どんなフローとなるのかをまとめてみましょう。

・セミナー会場、メール等での相談
←
・現在の資産状況、所有している土地のヒアリング
←
・営業担当がその土地、周辺地域を調査
←
・土地活用プランの提案

極めて簡単にあらわすとこうなります。それぞれ補足すると、医師との最初の接点となる「相談」ですが、セミナー会場であれ、ホームページの無料相談お申込みフォームであれ、多いのは相続に関することです。積極的に資産形成しようというより、親や親族から相続する不動産があり、どうすれば相続税を抑えられるか。それが切実な問題となっている医師は、想像よりはるかに大勢いるようです。

もちろん、将来の開業を見据えて、「今は勤務医ですが、10年後に開業したい。そのためには資金を含めてどんな準備をすべきですか」という相談を受けることもあります。

次の「資産状況の把握」ですが、ここに予想以上の時間がかかるケースもあります。というのも、医師は忙しく、細かなところまで把握していないこともあるからです。ご自分の預貯金はまだしも、相続する土地や建物がある場合、どの程度の価値のあるものなのか、遠方の土地なら今は何かに活用されているのか。少し時間をいただき、活用プランの作成に必要な情報を収集させていただきます。

同時に、家族構成や、ご本人の医師としての希望キャリアなどもできるだけ具体的にうかがいます。独身か既婚か、また子どもの有無によって将来の設計図は変わります。なかには具体的な将来像を持っていない方もいますが、そういう場合は、こちらからいろんな考え方、資産形成の事例などを含めてお話ししながら、「自分ならこうしたい」というイメージを持ってもらうように働きかけます。

「土地や周辺地域の調査」は、土地活用を提案する不動産会社ならどこもやっていると思います。一般的な賃貸住宅経営の場合、「アクセスのよさ」が重視されますが、医師の土地活用の場合はそれだけではありません。「医師×土地活用」で、ほかとの差別化を図るには、アクセスのよさだけでなく「医療・介護の視点から見たその地域の特徴」が非常に大きな意味を持つからです。

たんに人口の多い少ないではなく、高齢者を含め要介護の人がどれくらい住んでいるのか。周辺の病院数、個人で開業しているクリニックの数はもちろん、どんな診療科が多いのか、不足しているのはどんな診療科なのか。近くに大きな「生産緑地」はあるのか。ある場合、その所有者は今後、土地についてどう考えているのか。

不動産関連、そして医療関係のネットワークを駆使して、いろんな角度から調査を行います。医師に特化してサービスを提供する以上、これは不可欠です。

調査を終えたら、結果をもとにして土地活用プランの「提案」を行います。ここで大切なのが、医師ならではの強みを生かした「コンセプト」です。不動産会社の担当者の手腕が問われる場面ですが、担当者には「周辺の物件と差別化できる提案は何かありませんか?」と質問してほしいと思います。

そこで「特にありません」なら、その担当者は論外。目先の、自分たちの利益しか考えていないと言っていいと思います。多少時間がかかったとしても、医師の強みを組み込んだ提案を行ってくれる担当者でなければいけません。

ただ、その提案が絵に描いた餅ではなく、実現可能かどうかの実行力もチェックする必要があります。そこで注意したいのは、

- **計画実現までの細かなスケジュールをまとめた工程表はあるか**
- **工程表があった場合、1ヵ月後、2ヵ月後にどうなっているのか。最終的な完成はいつなのかを具体的に答えられるか**
- **それまでにかかるコスト、その後の収支計画に無理はないか**

私の経験上、提案した企画書が1回でOKとなることは、ほぼありません。具体的なプランを提示されると、医師の方にもイメージがわき、「こういうふうにしたい」「別のアイデアはないのか」と、要求のハードルが上がるからです。

普通の不動産会社なら面倒に思うかもしれませんが、私は大歓迎。要求のハードルが上がるということは、医師ご本人が積極的にかかわってくれている。漠然としていた将来像が少しずつ見えてきているからです。こちらとしても「腕の見せ所」であり、期待に応え

ようと気持ちが引き締まります。

活用プランを提案した後の流れは以下の通りです。

・打ち合わせ

←

・契約発注

←

・施工

←

・半年から1年半程度で竣工、引き渡し

一般の不動産会社の場合、竣工して引き渡せばひとまず契約は完了。アフターサービス、メンテナンスはあるものの、あくまでも「不動産コンサルティング会社」としての立ち位置でサービスを提供します。

不動産だけでなく経営にもコミットする真の「ワンストップ」を目指して

医師の土地活用、資産形成をサービスとして提供する会社には「ワンストップ」を強調するところがあります。相談から提案、施工、竣工までを一気通貫に行う体制が整っている。そういう意味だと思いますが、「それでは不十分」が弊社のスタンスです。

医師の土地活用をサポートする場合、コンサルティングには2つのフェイズがあると思います。一つめのフェイズは、ここまで記してきたように、相談を受け、調査を行い、資産形成のプランを提案し、打ち合わせをしながら施工、そして竣工を目指す。これは不動産コンサルタントとしてのフェイズと言えます。

ほとんどの場合、「ワンストップ」は施工と、その後の管理・メンテナンスまでを含めていますが、医師の土地活用で医療系施設、介護系施設などを建設する場合は、次のフェイズまで考えなくてはいけません。建てて終わりではなく、スムーズに開業できるか、患者さんとのコミュニケーションは上手くいっているか。法人化のベストタイミングはどこか。それらを含めた「経営コンサルティング」まで行う。そこまで提供できてはじめて「ワンストップ」と言えるのではないでしょうか。

不動産コンサルタントのフェイズに加え、経営コンサルタントとして医師たちに寄り添い、共に成長していくのが理想だと私は考えます。

マンションやアパートなど、一般的な土地活用と違い、医療系施設、介護系施設を開業するとなると、さまざまな申請を行い、許認可を得なければいけません。事業によってどこに、どの段階で、どんな申請をしなければいけないのか。医師でも「こんなに必要なのですか?」と驚くこともあるほどです。

竣工、引き渡しの後、「申請等はご自分でお願いします」ではあまりに不親切。書類を作成して提出しても、少しでも不備があると再提出を求められるため、ただでさえ忙しい医師にそれを任せるのは酷だと思います。そこで弊社では、事業を開始するに当たっての申請、届出は医師に代わってお手伝いします。

それぞれの事業で役所の担当窓口は異なり、それだけでも経験がなければ混乱するでしょう。建物の規模、設備に関する規定も少しずつ異なり、図面の提出、場合によっては行政の現地調査が入ることもあります。また、法律は少しずつ改正されていくため、常に最新の情報にキャッチアップしておく必要もあります。こうした部分も含めてサポートしてはじめて「ワンストップ」だと弊社は考えています。

実際にあったケースですが、1つのビルで複数の医療・介護関係の事業を展開するプロジェクトがありました。この場合、フロアごとに申請の内容、担当窓口が異なり、それぞれの事業に区分けされた平方メートル数での申請が求められ、我々でも苦労したほどです。無事に開業してからも経営コンサルティングは続きます。目論見通りの利用者を確保できればいいのですが、そうではないケースももちろんあるでしょう。そんなとき、医師たちは患者さんの対応に精いっぱいであることが多く、なぜ計画通りにいかないのかを、客観的な視点で見つめながら、課題として抽出するパートナーが必要です。

利用者との関係づくりは上手くいっているのか。求められるサービスを提供できているのか。近くに競合する施設が新たに建てられたのではないのか。当初の計画通りに進んでいるとしても、利用者をさらに増やし、収益を上げるにはどうすればいいのかを、絶えず考え続けなければいけません。

医療の専門家である医師には、こうした経営視点が欠けていることが多いので、コンサルタント的なサポートは欠かせないと思います。

土地活用の目標は、短期的な利益ではなく、少し大袈裟かもしれませんが「医師としての自己実現」と、家族、子どもたちの将来まで見据えた「資産形成」です。その意味で、長く付き合い、目標を共有できるパートナー選びはとても重要になります。医師ならではの強みを理解して、「医師×土地活用」の提案ができるのはもちろん、経営コンサルタント的な視点でもサポートしてくれる事業者を選んでほしいと思います。

また、これは基本的な確認事項になりますが、取引先の銀行を明かしている。土地や物件の調査などに第三者委員会を設けている。物件に関しては、すべて不動産鑑定士の鑑定書を付けているなど、不動産会社としてのモラルについて、お付き合いをはじめる最初の段階でチェックしておくべきです。

将来の開業を見据えたライフステージ別のプラン

私が相談を受けてきた医師の多くは、将来の大きな目標として「開業」を挙げていました。この章の最後に、将来の開業を実現するために、医師のライフステージ別のプランをまとめておきます。多くの医師とお付き合いしてきた経験から、「勤務医時代」「開業期」「患者定着期」「医療法人設立期」「財産継承期」に分けてみました。

・勤務医時代

大学の医学部を経て、研修を終えた医師の多くは、地域の中核となる病院で働くようになります。この時期は、拘束時間が長く、プライベートの時間を捻出するのも難しい時期。年収は決して高くないものの、「お金を使う時間がない」という時期でもあるため、じつは資産形成をはじめるには最適の時期でもあるのです。

忙しいため、資産形成について考える余裕がないかもしれませんが、忙しくてもできる投資方法はあります。たとえ額は少なくても、この時期から資産形成をスタートさせておけば、将来の独立・開業の基盤づくりになるでしょう。

開業を意識したとき、政府系金融機関、メガバンクや地方銀行のドクター向け融資、信用金庫と複数の金融機関に打診しても、満額の融資が付かないこともあります。なるべく早めに、将来に備えた資産形成をはじめるのが理想と言えます。

・開業期

自己資金を投入し、不足分は金融機関から借り入れて開業したとします。当初から患者さんが大勢というのは考えにくく、キャッシュフローはマイナスで、純財産額もマイナスになるなかで、医院やクリニックの損益分岐点を目指す時期。

開業前から不動産投資を行っている場合は話が別。自分が所有している物件をリフォームして開業することもできるし、物件からのキャッシュフローを開業資金としてプールしておけば、金融機関からの融資を低く抑え、早い段階での黒字化を目指せます。

・患者定着期

患者数が損益分岐点を超え、キャッシュフロー的にはプラスに転じる時期ですが、まだ開業時の借入金は家計に重くのしかかります。同時に子どもの学費に備えて、長期的な資産形成をはじめるタイミングでもあり、資産を「守る」と「増やす」のバランスが求められます。

不動産投資をしているのであれば、最初に組んだローンの返済が済む時期かもしれず、さらなる投資を考えてみるのもいいかもしれません。

・医療法人設立期

医療法人の設立について、医療法改正に伴い、積極的に進めにくい要素もありますが、診療報酬が5000万円を超えるあたりが一つの設立のタイミングと言えます。キャッシュフローはプラス、開業時の銀行借り入れの返済の目途も立っているでしょう。数字をみながら、医療機器への再投資を検討してもいい時期です。

・財産継承期

子どもが大学に在学中。または勤務医として研修をはじめる時期。私がコンサルティングを行う医師のなかには、休診日を週1回設けたり、夜の診療時間を少し短くしたりするケースもあります。

この時期は、節税しながらスムーズに財産を継承するための対策を考えなくてはいけません。一人ひとりのライフプランに合わせ、なるべく節税しながら、将来的に相続させる子どもたちに無理のかからないプランを立てたいものです。

医師の毎日が忙しいのは重々承知していますが、忙しいからこそ、なるべく早めの時点で資産形成のアクションを起こしてほしいと、声を大にして強調したいと思います。医師の独立開業には、平均6000万円程度の資金が必要と言われていますし、開業時に導入した医療機器は、定期的に最新のものを導入しなければ、新設されるクリニックとの競争で不利になってしまいます。

今後、医療の自由化が進むのはほぼ間違いなく、患者さんに選んでもらうためにも設備投資を怠ることはできません。土地活用をして終わり。開業したら「上がり」ではなく、資産形成とは生涯にわたって向き合い続けなくてはいけないと思います。

土地に「働いてもらう」ことで可能性に満ちた未来が拓ける

以前とは意識が変わってきているとはいえ、日本人のなかにはまだ「お金は不浄なもの」ととらえる人がいます。

お金のために働くのは「むなしい」。これには私も同意しますが、お金は「道具」だと考えてみてください。道具がなければ家が建てられないように、お金という道具がなければ買えないもの、経験できないものもたくさんあります。「お金を稼ぐこと」が目的ではなく、「稼いだお金で何をするか」に意識を向けてほしいのです。

毎日、多くの患者の診察に追われ、寝る時間を削って働く目的が「給料を得ること」ではむなしい。その給料も、診療報酬の改定で今後上がるとは言えない状況ですし、預貯金だけでは資産を築くのは難しい世の中です。

お金に振り回されるのではなく、「お金を使いこなす」と考えてください。では、どうすれば「お金を使いこなす」を実現できるのでしょうか。

ここで重要な意味を持つのが「不労所得の有無」です。不労所得があれば、出世競争や給料の多寡に悩む必要はありません。給与所得と不労所得を合わせて、日々穏やかに暮らしながら、将来のための資産形成をすればいいのですから、給与所得はほどほどでもいい。一般の会社員が不労所得を得ようとするより、社会的な信用力が高く、地域社会に直接貢献できる知識、経験を持つ医師は有利だと、繰り返し強調してきました。

不労所得を得る近道は、土地などの不動産に「働いてもらうこと」です。すでに土地を所有している医師なら、医療系施設・介護系施設を建てて運営すれば、資産形成と同時に社会貢献も可能になります。

開業のために、これから土地の取得を考えている人も、自分の強みを生かしてどんな活用が可能かを、できるだけ視野を広げて考えてほしいのです。

医師として働きながら、土地を基点にして経営者的なものの見方、考え方を意識する。そして戦略的な思考を行えば、漠然とした不安に覆われていた将来が、はっきりと見えてくるのではないでしょうか。

ぜひ、土地に「働いてもらう」という発想を持っていただきたいと思います。

おわりに

一人ひとりの医師が本来あるべき姿を取り戻すために

本書の最後で、医師のみなさんにこう問いかけたと思います。

あなたは何のために働いているのですか?

自分のためと答える方がいるでしょうし、家族のため、患者さんのためと答える方もいるでしょう。自分自身、または自分が日常的に接している人のために働いている。至極まっとうな答えですが、ここで足元を見つめ直してほしいと思います。

第1章に記したように、病院に勤務する医師の平均年収は約1500万円。生涯年収に換算すると、平均的な会社員よりも1億円ほど高い4億円とします。このうち、税金（所得税・住民税）と年金、社会保険費は生涯年収の約2割で8000万円。マイホームとして4000万円の家を購入すると、金利負担は2000万円。また、平均的な生命保険の金額は2000万円と言われています。

これらを必要経費として生涯年収から引くと残りは2億4000万円。子どもの学費と養育費は1人2000万円で、2人なら4000万円。

購入したマイホームはローンが終われば資産になる？　確かに「完済した後は資産が残る」は、住宅会社の営業担当の常套句です。ですが「日本の住宅は建ててから30年もすれば資産価値ゼロ」が不動産業界の常識でもあります。家の建て替えも考えなければいけません。そうすると、残りの2億円でどれほど豊かな生活が送れるのでしょうか？

こうした具体的な数字を挙げると、医師のみなさんの目つきが変わります。その段階で、私はマインドセットを変えるように提案するのです。

例えば、4000万円の融資を受けてマイホームを建てるなら、極端な話、4000万円でアパートを購入して、家賃収入の一部で部屋を借りて住んだほうがいいかもしれません。4000万円のマイホームは、ローンが終わるころには資産価値がなく、リフォームや建て替えにお金がかかります。4000万円のアパートなら、ローンを完済すれば、その先の家賃収入はすべて不労所得として自分のものになるのです。

消費で終わるのではなく、収益につながる不動産にお金を使う。投資という意識を持ってはじめて資産が形成され、給与＋不労所得で「経済的な不安のない、ゆとりのある暮らし」が可能になるのです。

私はただの投資として、医師のみなさんに土地活用、不動産投資をすすめているわけではありません。活用することでキャッシュフローを生み、第2の収入源として暮らしにも、心にもゆとりを与えてくれる。そして、一人ひとりの医師が持つ夢、そして希望を叶えるお手伝いをしたい。純粋にそう願っています。

経済面での不安を払拭することがワークライフバランスにつながる

なぜそこまで、医師にコミットメントするのか。

理由は大きく2つあります。まず、私個人として医師のみなさんをリスペクトしているから。これまで、大勢の医師とお話しさせていただきましたが、どの方も志と理想を持って医療の道を選び、それこそ身を削るようなハードワークによって患者さんと向き合っています。労働環境が厳しくても、目の前に助けを必要としている患者さんがいれば、動かずにはいられない。そういう姿を見ながら、リスペクトする気持ちが自然に芽生えたのです。

もう一つは、医師は高齢化社会を支える貴重なインフラでもあり、もっと柔軟に働ける環境をつくることが、地域の活性化、さらに日本全体を元気づけることにもつながると考えているからです。

医師を取り巻く日本の現状は、決して望ましいものではありません。医師不足によって一人ひとりの負担は重くなる一方、患者の権利意識が高まり、以前よりも対応に気を使わなくてはいけなくなっています。勤務医の期間は手取り年収も少なく、労務環境、収入面でも、将来のビジョンを描きにくい時代とも言えるでしょう。

そうした雑念というか、患者さんと向き合う以外のところに不満、不安の種があるのは、医師だけでなく患者さんにも、病院にも不利益をもたらしかねません。だからこそ、純粋に医師としての仕事に集中できる状態をつくりたい。安心できる経済的なバックボーンを持ったうえで、落ち着いて診療に当たり、将来のビジョンを描いてほしいのです。

働き方改革のなかで、しきりに「ワークライフバランス」が語られますが、日本の職業の現場で、医療は最もワークライフバランスが必要な現場の一つだと思います。まず、経済面での不安をなくすことがはじめの一歩になる。私はそう考えています。

医師を取り巻く状況で、これから劇的に変わりそうなのがデジタル化です。不動産業界でも、ビッグデータの収集と解析が戦略の立案に採用されていますが、医療の現場でのデジタル化もどんどん進むはずです。

ロボットによる外科手術、介護ロボットなどが一部では導入され、将来はＡＩ（人工知能）によって機械学習をするシステムが医療を進化させていくでしょう。

急速にデジタル化する時代だからこそ「人と人」のつながりに価値がある

ただ、デジタル化はあくまでも道具であり、それ自体が目的ではありません。不動産の現場がどれだけデジタル化しても、土地の調査をもとに、最適の資産形成プランを組み立てていく作業には想像力、そして創造力が必要であり、すべてをシステムには置き換えられません。面談の様子から、「医師本人も気付いていないニーズ」をくみ取るような作業は人間にしかできないのです。

医療の現場でも、ロボットに置き換えられる部分があるにしても、医師と患者さんとの信頼関係を抜きに治療は進められないはずです。その信頼関係は、コンピューターにデータを入力してコマンドキーを叩けば生まれるというものではなく、ある程度の時間をかけて、それぞれの心のなかに醸成されていくもの。デジタル化する時代だからこそ、そうした「人と人」が向き合う場面が大きな意味を持つのではないでしょうか。

現在、日本の医療の現場は、欧米に比べると医師の数が不足しているため、肉体労働の現場のようになってしまうところもあります。そうした状況を改善するために、デジタル化を道具として活用していくべきでしょう。

一方で、日本の医師のみなさんには、「医師の本来あるべき姿」を問い直してほしいとも思います。患者さんから、地域社会から「先生」と慕われる様子は、決して古きよき時代ではなく、これから実現すべき姿ではないでしょうか。

医師のみなさんには、心の平穏、暮らしのゆとりを持っていただきたい。不動産投資、土地活用によって不労所得を得ることは、必ずやそのきっかけになります。

今後は、一人ひとりの医師と私たちの関係のほかに、医師同士の横のつながりも構築していきたいとも考えています。志を共有できる複数の医師が集まり、それぞれ専門の診療科で開業するような「医療モール」も不可能ではありません。

一緒に医療現場の課題解決に向き合える、理想と志を持つ医師のみなさんと、お会いできる日を楽しみにしています。

土地活用で得するドクター損するドクター
医師×土地活用が生み出す究極のシナジー効果

2018年12月12日　第1刷発行

著者　大山一也
発行　ダイヤモンド社
〒150-8409　東京都渋谷区神宮前6-12-17
http://www.diamond.co.jp/
電話／03-5778-7235（編集）　03-5778-7240（販売）
編集協力　小野塚久男
石田修平（リライアンス）
装丁　平田毅
制作進行　ダイヤモンド・グラフィック社
印刷・製本　三松堂
編集担当　浅沼紀夫

ISBN 978-4-478-10643-3

本書は投資の参考となる情報の提供を目的としております。投資にあたっての意思決定、最終判断はご自身の責任でお願いいたします。本書の内容は2018年10月31日現在のものであり、予告なく変更されることもあります。また、本書の内容には正確を期する万全の努力をいたしましたが、万が一の誤り、脱落等がありましても、その責任は負いかねますのでご了承ください。